Shinmai Sensho 信毎選書

知っておきたい長野県の記念日

「しあわせ信州」の現在・過去・未来

加瀬清志

Kase Kiyoshi

まえがき

日本人は記念日への関心が高い。放送作家として記念日に関する数多くのテレビやラジオ番組の構成を手がけ、エッセイストとして記念日をテーマに雑誌や新聞にコラムを書き、作家として記念日の単行本を何冊も上梓してきた私は率直にそう思う。

たとえば「今日の記念日」のタイトルで原稿を書くと「その記念日はいつどこで誰がどんな目的で作ったの」と聞かれ、「自分の誕生日にどんな記念日があるのか知りたい」「歴史的な事件があった日について教えてほしい」「国民の祝日のそれぞれの由来は」など、記念日に関するさまざまな質問をいただく。

本来、記念日というものは、その日の過去の出来事を忘れずにいるために生まれたものであり、その日が迎えられたことをお祝いしたり、その日を大切にするために設けられた「日付のあるきっかけ」に他ならない。

そのきっかけによって、日々の生活に潤いが生まれたり、他の人とのコミュニケーションが取りやすくなったり、社会にとって大切なものをみんなで共有できるようになることを多くの人が理解しているのだろう。

1年365日（閏年は366日）、それぞれの日付の中には、人々が営んできた暮らしがあり、社会が歩んできた道があり、世界が刻んできた歴史がある。これを記録し、記憶に残すことも意義があることではないかとの思いから、私は記念日をまとめる総合的な機関として「日本記念日協会」を1991年（平成3年）に創立した。

そして、記念日に関する事柄を数多く扱っている中で、長野県の人々の記念日への関心が高いことを実感。本書の刊行に結びついたというわけである。

本書は「長野県の歴史的な記念日」「長野県の主な祭り、年中行事の記念日」「長野県がよくわかる記念日」の3章で構成されている。

まず、「長野県の歴史的な記念日」では、全国4番目に広い山国だけに歴史的な事故や事象も自然に根ざしたものが多く、オリンピックやサイトウ・キネン・フェスティバルなど世界レベルの文化的なイベントなども紹介した。

また、「長野県の主な祭り、年中行事の記念日」では、県内のその地域、その季節で続けられてきた祭りや行事の中でよく知られているものを紹介。五節句などの暦にまつわる行事も取り上げている。

さらに、「長野県がよくわかる記念日」では、日本記念日協会に認定登録されている長野県関係の記念日を中心に、全県的な組織で活動を行っている記念日を紹介した。長野県の名所、名物、名産品、目指している県の活動など、記念日を活用することで認知度を高めたものが多い。

本書で長野県を記念日という記憶装置で振り返り、感じていただければ幸いである。

加瀬　清志

２０１５年　冬の信州にて

目次

第一章

長野県の歴史的な記念日

2月7日
（1998年
平成10年）

長野冬季オリンピック開会

世界のNAGANOになった日

１９９８年（平成10）２月７日から22日までの16日間、長野市を中心に、軽井沢町、野沢温泉村、山ノ内町、白馬村の各会場で行われた「長野オリンピック」。冬季大会の開催地として全世界に長野を知らしめた功績は大きく、今もウインタースポーツが盛んな国ではＮＡＧＡＮＯの地名を覚えている人が多い。

日本では１９７２年（昭和47）の札幌大会に次いで２回目の冬季オリンピック大会で、国内候補地選定で盛岡、山形、旭川に勝ち、１９９１年６月15日にイギリスのバーミンガムで開かれた国際オリンピック委員会総会での開催地決選投票は長野が46票、アメリカのソルトレイクシティが42票と、わずか４票差の勝利であった。

その記念すべき開会式は長野市の長野オリンピックスタジアムで２月７日午前11時から行われ、善光寺の鐘の音で始まり、諏訪の御柱の建御柱、横綱曙の土俵入り、大岡村の道祖神の入場、各国の選手団の先導役に幕内力士など、随所に長野県らしさ、日本らしさを取り入れた演出は劇団四季の浅利慶太氏が担当。日本選手団は長野県歌「信濃の国」に合わせて入場行進。先導は横綱の貴乃花が務めている。

フィギュアスケートの伊藤みどり氏による聖火の点火、スキー・ノルディック複合の荻原健司氏によるオリンピック宣誓などののち、1998個の鳩の形の紙風船が放たれ、世界五大陸の合唱団によるベートーヴェン作曲の交響曲第9番「歓喜の歌」が小澤征爾氏の指揮で演奏・合唱され、平和の祭典の幕開けを告げた。スポーツの持つ力強さと、オリンピックの持つ晴れやかさが信州の風土によく似合い、まさに「信州のしあわせな16日間」の始まりだった。

長野冬季オリンピック開会式

ちなみに、公益社団法人日本青年会議所北陸信越地区長野ブロック協議会はこの日を「オリンピックメモリアルデー」と制定している。

2月19日
（1972年
昭和47年）

あさま山荘事件発生

テレビの生中継が日本中を釘付けにした日

暴力的な手段で革命を成し遂げようとする組織の連合赤軍。そのメンバー5人が、長野県軽井沢町にあった企業の保養所「浅間山荘」に人質をとって立てこもったのが1972年（昭和47）の2月19日。（注　事件名の表記はあさま山荘）

警視庁の機動隊とともに長野県警の機動隊も人質救出作戦に参加するが、山荘は別荘地の奥の崖の上にあり、2月下旬の厳しい寒さの中での救出は困難を極めた。山荘を包囲する機動隊と連合赤軍のメンバーのにらみ合いは10日間にも及び、その間に2名の機動隊員と1人の民間人が亡くなっている。

この救出活動の模様は連日、テレビ各局が生中継を行い、NHKと民放を併せた最高視聴率は約90%を記録。日本中の視聴者の目を釘付けにした。

そこに映し出されたのはまるで要塞のようにそびえる建物と、そこに潜む犯人が機動隊に向ける銃口、何としても人質を救出すると固い決意に満ちた表情の機動隊員。そして、凶弾に倒れて運び出される機動隊員。建物の壁を破壊するための大きな鉄球を吊したクレーン車。

それは人が人に銃口を向けている現場がテレビで生放送されることの異常さをあらわしたものであったが、それを超えて今そこで起きている事実を伝えるというある意味でテレビの持つ特性が発揮された出来事でもあった。

2月28日、午後6時過ぎに機動隊の一斉突入により犯人全員が検挙され、人質も無事に救出される。

犯人を生きて捕まえることで他の仲間に「殉教者」扱いさせないことが重要との警察の思いが事件を長期化させたとの指摘もあるが、当時の警察の装備、現場の状況、人質の救出を最優先させた結果で、事件の特異性からみても致し方なかったとの見方が的を射ているのではないか。

連合赤軍が立てこもった浅間山荘

2月26日（2005年 平成17年）

スペシャルオリンピックス冬季世界大会開会

世界の知的障害者アスリートが集った日

スペシャルオリンピックスとは知的障害のある人たちにスポーツのトレーニングの機会と、その成果の発表の場としての競技会の提供を行い、自立と社会参加を応援する国際的なスポーツ組織。

国際本部はアメリカのワシントンＤＣにあり、現在、１７０カ国以上が加盟し、約４４０万人のアスリートと１００万人のボランティアが参加している。

この活動はオリンピックが単数形なのに対して、スペシャルオリンピックスと複数形で呼ばれる。それはひとつの大会に限らず、日常的なトレーニングから世界大会まで、さまざまな活動が行われていることを意味しているからだという。

そのスペシャルオリンピックスの冬季世界大会がアジアで初めて長野で行われたのは、２００５年（平成17）２月26日の長野市のエムウェーブでの開会式から３月５日の閉会式までの8日間で、84の国と地域から1829人のアスリートが参加して開催。

競技は1チーム6人ずつがドーナツ型のフェルト製のパックを長いスティックで運び、相手のゴールに入れた得点を競う「フロアホッケー」。シングル、ペア、アイスダンスの「フィギュアスケート」。1周111・12メートルのショートトラックを使い、4人以下で同時にスタートする「スピードスケート」。西洋かんじきのスノーシューを履いて雪の上を走り、ゴールする速さを競う「スノーシューイング」。スキーのクラシカル走法で速さを競う「クロスカントリー」。大回転などの種目で競う「スノーボード」。そして、滑降、大回転、回転で競う「アルペンスキー」の7競技で79の種目が行われた。

この大会の開催で長野市はオリンピック、パラリンピック、スペシャルオリンピックスの三つの大会を開催した都市という称号を手にした。

スペシャルオリンピックス長野大会のクロスカントリースキー

3月5日
（1998年
平成10年）

長野パラリンピック冬季競技大会開会

もうひとつのオリンピックが始まった日

1998年（平成10）2月の長野冬季オリンピックに続いて行われた「長野パラリンピック冬季競技大会」。冬季のパラリンピックとしては前回のリレハンメル大会に次いで7回目で、アジアで初の開催となった。

パラリンピックとは国際パラリンピック委員会が主催する障害者のスポーツ大会で、オリンピックを開催した同じ年に同じ都市で行われ、肢体不自由、視覚障害のアスリートが参加し、その力と技を競う4年に一度の世界最高の障害者スポーツの祭典だ。

パラリンピックの名称は、パラ＝パラプレジア（脊髄損傷などによる下半身麻痺者）とオリンピックを組み合わせた造語で、日本人が発案したと言われている。

長野パラリンピックは1998年（平成10）3月5日から14日までの10日間、32カ国、571人のアスリートが参加して5競技34種目が行われた。

5つの競技とはスキーでは「アルペンスキー」「クロスカントリースキー」「バイアスロン」。各種目とも障害の程度に応じてクラスに分けられ、アルペンスキーのクラスの一つ「チェアスキー」は座席にスキーの板を固定して、ストックの先に短いスキー板を付けたアウトリガーを操作して斜面を滑る。

また、専用のそりに座りながら先端にアイスピックが付いたストックで氷をかいて進む「アイススレッジスピードレース」と、アイスホッケーのように相手のゴールに入れた得点を競う「アイススレッジホッケー」が行われた。

長野パラリンピック・チェアスキーで金メダルの大日方邦子選手

日本選手は金メダル12個を含む合計41個のメダルを獲得。大健闘を果たし、障害を持つ選手がアスリートとして人々にパラリンピックがスポーツとして、障害を持つ選手がアスリートとして人々に認識されるきっかけとなったといえる。

3月12日（2011年 平成23年）

栄村で震度6強の地震発生

小さな村を大災害が襲った日

２０１１年（平成23）３月12日、午前３時59分。長野県の北部と新潟県の境で発生したマグニチュード６・７の地震。のちに「長野県北部地震」「栄村大震災」などと呼ばれるこの地震では、長野県下水内郡栄村などに甚大な被害を与えた。

栄村では震度６強、隣接する新潟県津南町と新潟県十日町市では震度６弱、長野県野沢温泉村では震度５弱などを記録。さらに栄村では同日の午前４時31分頃と５時42分頃にも震度６弱の余震が発生している。

この一連の地震で栄村では３人が死亡、軽傷の人も10人ほどいたと伝えられているが、田畑や山林の被害、村内を走るＪＲ飯山線の路盤が崩落しての運行停止、国道１１７号などの通行止め、住宅約２００棟が全半壊、一部損壊を含めれば約７００棟が被害を受けるなど、その被害は壊滅的とも言われた。

人口約2100人の村の約半数は65歳以上の高齢者で、その復旧にはかなりの時間がかかり、多額の経済的な支援、人的支援が必要と考えられたからだ。

しかし、栄村は国からの補助金などに頼らない村政を掲げてきたこともあり、村民の中にはお互いを助け合う精神、お互いを思い合う気持ちが息づいている「自律の村」であること。被災地が局地的で近隣の市町村からの支援が集中的に受けられたこと。そして、地震から早期の段階で災害の査定、復旧工事のための財源の確保が得られたことなどから、思いの外、復旧が進んだ。

被害の大きかった栄村青倉地区

特に大きいのが人々の災害と向き合わなければならなかったときの意識である。

「隣の家には誰がいて、困っていることは何なのか。そして、それはどうすれば解決できるのか。みんなで考えるクセがついているんだよ」

支援活動のときに聞いたこの声は全国どこでも起こりうる災害のときの大きなヒントになるだろう。

4月20日
（1947年 昭和22年）

飯田市街地で大火災発生

大火災から何を学ぶかを考える日

城下町ならではの整然とした町並みが続き、細い小路を結んで建物が密集していた飯田のまち。その飯田市で後に「飯田大火」と呼ばれるほどの大火災が発生したのは１９４７年（昭和22）４月20日の昼のことだった。

その日は戦後初めての参議院選挙の当日で、晴天が続いていたことからお花見に出かける人が多いのどかな一日になるはずだったのだが1軒の民家で火災が発生。折からの春の乾燥した空気と、風速10メートルを超える風にあおられて火はまたたくまに燃え広がり、町の中心部の建物を次々と炎に包み込んでいく。

警防団（のちの消防団）は懸命に消火活動を続けたが、その炎の広がりに恐怖を感じた市民が消火栓を次々と開いたため、水圧が下がって遠くまで消火することができない。

また、風もさらに強くなり、ようやく延焼が収まったのは約10時間後。完全に炎が収まり鎮火したのは翌日の夜になってからのことだった。

この大火は飯田市街地の約70%を焼き尽くし、約66ヘクタールを消失、被災者は約1万8000人、被害額は当時の金額で約15億円にもなったという（飯田市歴史研究所調べ）。

そして、翌年の復興事業が始まったときに出されたまちづくりの問題点として、大火のときに避難路が確保されていなかったこと、消火活動のために必要な通路がないことなどが挙げられた。

飯田大火焼野原

市ではこの点をふまえて避難通路を設けることや、市街地の中心に防火帯の道路を整備することなどを施策として取り上げ、火災に強いまちづくりに力を注いだ。

その防火帯道路の緑地帯に植えられたりんご並木は飯田市立飯田東中学校の生徒たちの発案によるもので、今では飯田市のシンボルとなり、災害から何を学び、何を行うかの手本のひとつと言われている。

4月28日（1994年 平成6年）

長野県の選挙区から初の総理大臣誕生

羽田孜氏が日本の政治のトップになった日

１９９４年（平成６）の４月28日に、内閣総理大臣に羽田孜氏が就任した。

このことを「初の長野県出身の総理大臣が誕生」と思っている人も多いようだが、正しくは「長野県の選挙区から選出された初めての内閣総理大臣が誕生」である。

なぜなら羽田氏は１９３５年（昭和10）に当時の東京府東京市蒲田区（現在の東京都大田区蒲田）で生まれている。

戦争中に父親の郷里である長野県に疎開し、１９５１年（昭和26）に上田市の上田第二中学に入学。その後は東京の成城学園高校、成城大学へと進学、卒業後は小田急バスに就職して多くの企画を成功させるなどしており、長野県で暮らした時期はそれほど長くはない。

しかし、病魔に倒れた父、羽田武嗣郎氏の後を継いで１９６９年（昭和44）に、当時の長野県第2区から第32回衆議院議員総選挙に立候補してトップ当選を果たす。

このときの総選挙で政界入りした人物には小沢一郎氏、小坂徳三郎氏、梶山静六氏、浜田幸一氏、森喜朗氏、土井たか子氏、不破哲三氏など、与野党を問わず後の政界を動かす政治家が多数いる。

羽田孜氏も農林水産大臣、大蔵大臣などを歴任して日本の政治の中枢を歩くが、政治改革に対する意見の相違から小沢一郎氏らと自民党を離党、新生党を結党して党首となり、社会党、公明党、民社党などとの連立政権を目指す。

第80代内閣総理大臣に指名された羽田孜氏

その後は日本新党の細川護煕氏を総理大臣とする細川内閣で副総理兼外務大臣の任に就き、政党再編の嵐の中で細川氏の後を受けて正式に第80代内閣総理大臣となるも、連立与党内の足並みの乱れから6月25日に内閣総辞職。在任64日という戦後2番目に短い政権であった。

4月29日（2005年 平成17年）

軽井沢大賀ホール開館

世界の避暑地に上質な音楽ホールが生まれた日

日本を代表する避暑地のひとつ長野県北佐久郡軽井沢町。多くの別荘が建ち、文化的な香りが漂う町には、年間約800万人もの観光客が訪れる。

1964年の東京オリンピックの馬術、1998年の長野オリンピックのカーリングと、夏季と冬季の両方のオリンピックで競技会場となった世界ではじめての町でもある。

その軽井沢町にソニー名誉会長の大賀典雄氏から寄贈された資金で2005年4月29日に開館したのが「軽井沢大賀ホール」。

東京芸術大学音楽学部出身で声楽家としても活動し、指揮者として世界各国のオーケストラでタクトを振った大賀氏は2001年に北京でオーケストラの指揮をしているとき病に倒れ、長期療養を余儀なくされる。

その療養先の軽井沢町に音楽のホールがないことを知った大賀氏は、ホールの建設資金として退職慰労金の手取額をすべて軽井沢町に寄付した。どの席にも均一な音が届くようにと、音響的な理想を追求した結果生まれた五角形のホールは2階建てで、軽井沢の自然に溶け込んだぬくもりのある外観が特徴。ホールの座席数は1階が660席で2階が86の椅子席と38の立ち見席。その他4席の車椅子席がある。

軽井沢の自然に溶け込んで建つ大賀ホール

クラシック音楽のコンサートに使われることが多いが、ジャズ、ポップスなど幅広いジャンルの音楽にも活用され、中学生、高校生などへの音楽文化育成事業も行われている。

良質な音楽は時代を超え、国境を越え、世代を超え、そしてひとり一人の心の中に生き続ける。そのために必要なのは良質な音楽に触れることのできる環境。

「軽井沢大賀ホール」はその上質な見本のひとつに違いない。

5月20日（1968年 昭和43年）

「信濃の国」が県歌に制定

日本一有名な県の歌がお墨付きになった日

「信濃の国」は日本でいちばん有名な県歌だという。テレビ番組などでも「長野県民は子どもからお年寄りまで、誰でも『信濃の国』を歌える」と決めつけるほどだ。

しかし、それほどまでに知られた歌も、正式に長野県歌と制定されたのは1968年（昭和43）5月20日とそれほど古くはない。

1900年（明治33）に浅井洌氏の作詞、北村季晴氏の作曲で作られてから68年も後のことなのだから。

そもそも「信濃の国」は6番までの歌詞を1番は県の地理的な事を描写し、2番は山や川、3番は自然の恵みと産業、4番は名所旧跡、5番は信州出身の人物、6番は鉄道になぞらえて学ぶことの大切さを歌っている。

つまり、「信濃の国」は郷土の有り様を学ばせる目的で作られたので、場所や人物がどの地域にも偏りなく登場し、県民の一体感を育むにはもってこいの内容だ。

そして、1966年（昭和41）に県章やシンボルを定めたとき、県民意識を高揚させるために「信濃の国」を県歌に制定してはどうかという意見が出る。

じつは1947年（昭和22）に日本国憲法公布を記念して「長野県民歌」が公募により選ばれて制定されているのだが、長く歌い継がれてきた「信濃の国」の人気にかなうわけもなく、いつの間にか忘れ去られてしまった。それだけ長野県民にはなじみが深い歌なので、さしたる異論もなく県歌に制定のはこびとなる。

県庁前で行われた「信濃の国」の歌碑の除幕式（1976年11月23日）

もっとも最近では小学校の運動会や卒業式で歌われることも少なくなり、長野県民なら誰でも歌えるというのは怪しくなってきた。ここらでもう一度、21世紀の「長野県民歌」を募集すれば「いやいや長野県には『信濃の国』がある」と再びみんなが歌うようになるのではないだろうか。

5月31日
（1949年
昭和24年）

信州大学設立

都道府県名でない国立大学が誕生した日

1949年（昭和24）5月31日に、松本高等学校、松本医科大学、長野県立農林専門学校、上田繊維専門学校、長野工業専門学校、長野師範学校、長野青年師範学校の7校が統合して設立されたのが信州大学。

国立大学法人でありながら都道府県名でなく、長野県の通称の「信州」を学名に付けているのは、本部と人文学部と経済学部、理学部、医学部などが松本市にあり、教育学部、工学部が長野市に、農学部が上伊那郡南箕輪村に、繊維学部が上田市になど、長野県内各地にキャンパスがあるためだという。

それだけに地域に根ざした学びと研究の場としての評価が高く、「日経グローカル」誌が全国733の大学を対象とした「全国大学の地域貢献度ランキング（2012）」で1位を獲得。

例えば工学部では新しい乾燥技術をＪＡみなみ信州に提供して飯田下伊那地域特産の市田柿の品質向上に貢献したり、「信大きのこカレー」、「信州発えのきヨーグルト」などの商品開発も手がけた。

他にも地域と大学を結ぶ「信州アカデミア構想」を掲げて、さまざまな分野で地域の活性化に取り組んでいる。

また、繊維学部は前身から数えて１００年以上の歴史があり、国内で唯一の学部として繊維素材の分野で抜きん出た機関として知られており、上田市のキャンパスには登録有形文化財に指定された旧上田蚕糸専門学校時代の講堂がある。

地域から世界にという意味ではＬＥＤ可視光通信の実験を行う超小型人工衛星「ぎんれい」の開発も次世代の研究に大いに役立つに違いない。魅力的な大学とはその多様性と許容性にあることがよくわかる。

信州大学の本部、医学部、理学部など(1970 年)

6月1日
(1971年 昭和46年)

立山黒部アルペンルート全線開通

大自然の中を通り抜けられた日

大町市の扇沢駅と富山県立山町の立山駅を結ぶ「立山黒部アルペンルート」は、標高3000メートル級の山々が連なる北アルプスを貫く世界でも有数の山岳観光ルートである。長野県の山岳観光のシンボル的存在で、アジア諸国を中心とした外国人観光客にも人気が高い。

この「立山黒部アルペンルート」が全線で開通したのが1971年(昭和46年)6月1日である。長野県側からのルートは扇沢駅を出発して、まず関電トンネルトロリーバスで黒部ダム駅へ。このトンネルは、黒部川第四発電所の黒部ダム(別称「黒四ダム」)建設の時に資材運搬のために掘削されたトンネルで、建設工事中、50メートルもの破砕帯の出現や、大量の湧水などで多数の死者を出す難工事となり、映画「黒部の太陽」の舞台として有名になった。

黒部ダム駅から、ダムの堰堤を歩き、続いて黒部ケーブルカーに乗って黒部湖駅から黒部平駅へ進む。さらに立山ロープウェイで大観峰駅に。この駅の屋上の展望台からは黒部湖や後立山連峰の大パノラマが望める。

そして、そこからは立山トンネルトロリーバスで室堂駅に。室堂駅はアルペンルートの最高地点で標高は2450メートル。4月から5月にかけては室堂を少し歩いたところに高さ19メートルの雪の壁がそびえる「雪の大谷」ができ、その圧倒的な迫力から観光の目玉になっている。

高さ19メートルの雪の壁「雪の大谷」

室堂駅からは立山高原バスを美女平駅まで乗り、立山ケーブルカーで富山地方鉄道・立山線の立山駅まで行けばアルペンルートの終点だ。

これだけいろいろな交通手段を乗り継ぐルートも他にはないが、天候次第で開通は4月中旬から11月中旬までとなっている。

6月27日
（1961年
昭和36年）

三六災害発生

昭和三十六年に起きた悲劇の日

1961年（昭和36）に全国各地で甚大な被害をもたらした土砂災害は、その被害の大きさから発生した元号の年を記して「三六災害」と呼ばれている。

長野県の伊那谷は標高3000メートル級の山々が連なる中央アルプスと南アルプスの二つの山脈に挟まれる地形で、その中央を天竜川が流れていることから、ひとたび大雨が降ると崖崩れや地滑り、堤防の決壊、土石流などが起きやすい。それも記録的な集中豪雨となると、各地で同時多発的に土砂災害が発生し、人命や家屋などへの被害は想像を超えたものとなる。

「三六災害」はまさにその規模と被害の大きさから、長野県の災害史上において類をみないほどのものであった。

この年の6月27日、数日前から梅雨前線の影響と台風6号の接近により全国各地で降っていた大雨が伊那谷を襲う。

飯田市ではこの日1日の降水量が325ミリと、例年の6月全体の降水量230ミリをわずか1日で超えるほどの大雨が降った。とくに下伊那郡大鹿村の大西山は大崩壊を起こし、崩落した土砂により天竜川の支流の小渋川をせき止めてしまう。

水没した飯田市川路付近

行き場をなくした大量の水と土砂は濁流となって堤防を越え、集落をのみ込んだ。犠牲になった死者・行方不明者は42人にのぼった。

自然の脅威の前に人々はなすすべもなく、長野県内では伊那谷を中心に死者・行方不明者136名、負傷者1164名を数え、903棟の家屋が全壊し、621棟が半壊、3170棟が床上浸水の被害にあったという（県防災課資料）。

そうした過去の災害を記録し、記憶にとどめることがこれからの防災に役立ち、被害を繰り返さない教訓になる。

6月27日（1994年）平成6年

松本サリン事件発生

化学兵器が無差別に市民に向けられた日

1994年（平成6）6月27日の夜、松本城近くの住宅街はもやがかかったような空気が流れ蒸し暑かったという。

外気を入れて蒸し暑さを解消しようと窓を開け放していた住宅が多く、そこに化学兵器の神経ガス「サリン」が撒かれた。

これを吸い込んだ大勢の人が手足のしびれや目の異常を訴え、翌日の早朝までに7人が死亡、多くの人が呼吸器や神経系を冒されていく。

これが人類史上初めて無差別に化学兵器が一般市民に対して使われたテロ事件として、世界の犯罪史上に深く刻まれることになる「松本サリン事件」である。

しかし、事件直後は何が原因で多くの被害者が出たのかがわからず、有毒ガスだとしたら何者かが故意に撒いた事件なのか、何らかの薬品が漏れた事故なのか、あるいは気象条件によって生じた自然災害なのかと、さまざまな憶測がなされた。

翌日のメディアには「謎の毒ガス」の文言が数多く見られ、その謎に迫るための報道が連日流されることになる。

そして、長野県警の捜査本部が事件の第一通報者の河野義行氏の自宅を捜索、多くの薬物を押収したと発表。あたかも河野氏が毒ガスを発生させたかのような印象が植え付けられ、メディアは河野氏を犯人視する警察の動向をもとにした報道を続けた。

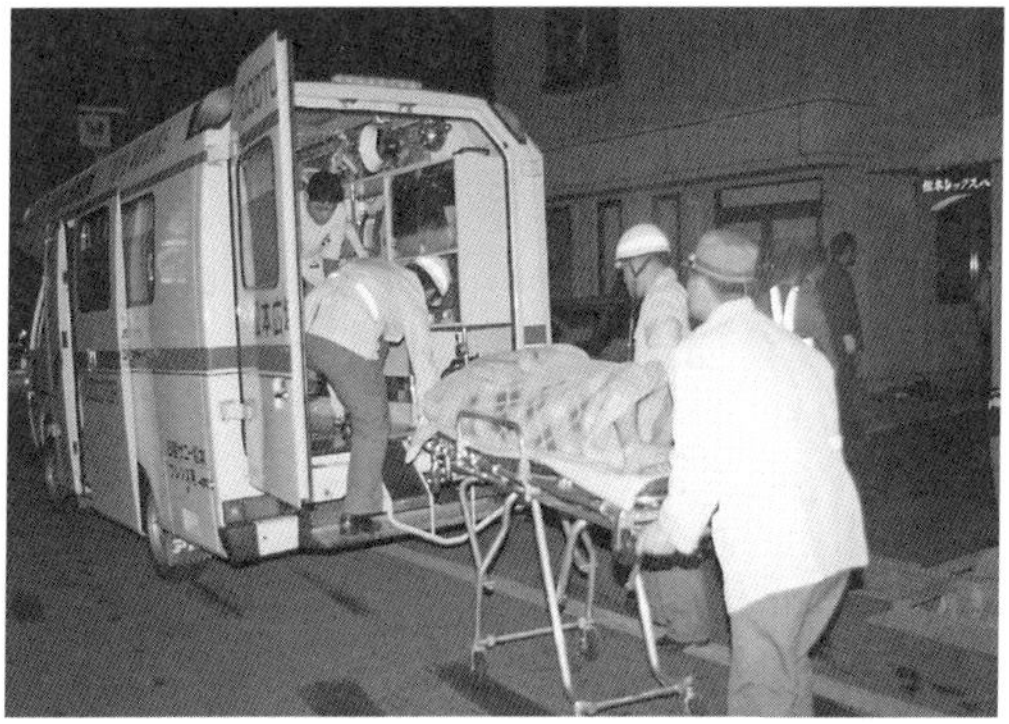

松本サリン事件で病院に搬送される被害者

その後、毒ガスの正体が、第2次世界大戦中にドイツで開発され、イラン・イラク戦争時に使われたとされる化学兵器の「サリン」であることがわかり、後年、オウム真理教の凶行と判明する。

あのときにきちんと犯人を割り出していたら翌年の3月20日に起きた「地下鉄サリン事件」は防げたとする専門家も少なくない。

7月5日
（1873年
明治6年）

信濃毎日新聞創刊

議論好きの信州人の情報源ができた日

長野県の県民性のひとつとしてよく「議論好き」が取り上げられる。それも憲法9条の解釈からワールドカップの日本代表の戦術、社会で起こる理不尽なことから暮らしの中のささいな問題まで、何が正しくて何が間違っているのかを自説をもとに語り合うことが好きなのだという。

この「自説」というのが何を中心に組み立てられるかで、その議論はかみ合ったり的はずれになったりするわけだが、活字好きと言われる長野県民の議論の際の大きなよりどころになっているのが新聞というメディア。

そして、その中心にいるのが長野県でいちばん発行部数の多い信濃毎日新聞ということになるのではないだろうか。「昨日の信毎に出てたけど」から始まる会話が議論のきっかけになるというわけだ。

それだけ議論好きに影響を与えていると思われる信濃毎日新聞は１８７３年（明治６年）７月５日に長野新報として始まる。この年の１月１日に太陰暦から太陽暦に改暦されていることを思うと、まさに新しい言論文化を切り開こうという意欲にあふれたものであったに違いない。

当時の長野新報は小冊子型で、１部３銭で販売されたという。半年間に２回発行し、翌年１月には官許長野毎週新聞に改題。以後、長野新聞、長野日日新聞、信濃日報と題号や発行の形を変えながら１８８１年（明治14年）６月７日に題号が信濃毎日新聞となり、現在までその長い歴史を刻み続けてきた。

２０１３年（平成25年）には創刊１４０年を迎え、通算の発行数は４万７６００号を越えて日々これを更新中だが、これは日本新聞協会加盟の全国の一般紙で３番目に古い。

明け方に出発する新聞販売店の配達員（1973年）

7月16日（1965年 昭和40年）

県営松本空港開港

信州に空の玄関が誕生した日

県営松本空港は長野県が管理する地方空港で、愛称にも「信州まつもと空港」と松本の名が冠されているのだが、敷地は松本市と塩尻市にまたがっている。さすがに「松塩空港」ではわかりにくいだろうが。

その松本空港は1963年（昭和38）の着工から2年あまりの1965年（昭和40）7月16日に開港。はじめは大阪国際空港との間で不定期便を運行していたが、その用途の多くは長野県警の山岳へリコプターの発着、民間の軽飛行機の発着などであった。

1980年代になり需要が増える中、大阪便は1日2往復になる。その後、長野オリンピック開催決定を機に一時運行を休止して、ターミナルビルの改築と滑走路を1500メートルから2000メートルに延長してジェット化に対応できる工事が行われ、1994年（平成6）7月に再開。日本エアシステムが従来からの大阪線に、福岡線、札幌線を新設するなど、松本空港はジェット化を追い風に賑わいをみせた。

そして、オリンピック閉会式翌日に帰国する外国の選手などの利用もあり、関西国際空港へ臨時便を飛ばすほどの勢いだったが、その後は利用者が低迷。

それでも空港閉鎖の危機を乗り越え、２０１０年（平成22）６月１日からはフジドリームエアラインズ（ＦＤＡ）が、新千歳空港と福岡空港に運行を開始することになる。

松本空港は標高６５７・５メートルと日本でいちばん標高が高い空港であることから、実際に使える滑走路が短いなどの悩みを抱えているが、県内にジェット機が離着陸できる空港があることは災害時の避難、救援物資の運搬などに大きなメリットを生む。

また、観光やビジネスにおいても時間の短縮は利便性の向上につながる。Ｊリーグの松本山雅のホームスタジアム、アルウィンに隣接することも活かして信州の空の玄関口がいつまでも開かれていることを願う。

松本空港を飛び立つ FDA 機

7月17日（1993年 平成5年）

信州博覧会開会

信州を日本中にPRした日

１９８０年代の後半、日本はバブル景気に沸く。好景気はさまざまなものを生みだし、さまざまなものを破壊し、さまざまなものを残した。その中のひとつが日本中で行われた地方博覧会である。

それらしいテーマを掲げて、目玉の展示やイベントを行い、地元の産業を紹介して商品を販売する。そのことで知名度を高めて地域経済の活性化を図るのが目的だった。

１９８９年の「横浜博」、１９９０年の「国際花と緑の博覧会」などの大規模な博覧会もあれば、１９８９年に山梨県甲府市で開かれた「こうふ博」、１９９２年に岩手県釜石市などで行われた「三陸・海の博覧会」など、地方色豊かな博覧会も数多く開かれた。

そして、１９９３年（平成5）7月17日から9月26日まで松本市の県営松本平広域公園（信州スカイパーク）で開催されたのが「信州博」。

「豊かな心の交遊と創造」をテーマに掲げ、県内の各広域ごとに地元の紹介と物産の出展などを行い、業界団体や企業の出展も多く、信州をテーマにした映像「アルプスシンフォニー・人間と地球」を大画面で見る長野県館のIMAXシアターが話題を集め、目標を上回る240万人の入場者数を記録している。

マスコットキャラクターはアルプスの山の中で音楽を奏でて遊ぶ妖精をイメージした「アルピー」で、今でも当時発売されたぬいぐるみやテレフォンカードが人気だという。

食べ物ではおやきは丸いものという常識を覆した棒状の「おやきん棒」が評判になった。

一斉に入場ゲートに向かう人々

その「信州博」が残したいちばん大きいものはメイン会場となった「グローバルドーム」だろう。

信州産のカラマツを使ったドームは直径110メートル、高さ40・5メートルもあり、その名のように地球をイメージしていた。今では「やまびこドーム」と呼ばれているが。

7月26日
(1985年
昭和60年)

地附山地すべり災害

地すべりの怖さを知らされた日

長野市の北西に位置する標高733メートルの地附山。1961年(昭和36)には山頂までロープウェイが設置され、遊園地、動物園、スキー場、ゴルフ場などが造られ、長野市街地を一望できる展望浴場などもある観光レジャーゾーンとして大変な賑わいを見せていた。その後、1964年(昭和39)に戸隠バードラインが開通し、地附山の観光は低迷、ロープウェイも廃止される。

その地附山で地すべりが起きたのが1985年(昭和60)の7月26日のこと。数日前から道路に亀裂が入る、斜面で小さな崩落が起きるなどの前兆があったことから、長野市などが監視を行っていたが、午後5時ころに斜面が少しづつ動き始め、やがて大きな音とともに巨大な土のかたまりが樹木をなぎ倒しながらすべり落ちていく。

すべり落ちた斜面は幅約500メートル、長さ約700メートル、深さ約60メートル、面積にして約25ヘクタールに及ぶ。

そして、地すべりの土は山すそにあった湯谷団地や特別養護老人ホーム「松寿荘」に押し寄せた。当時、「松寿荘」には200人以上の高齢者がいたが、多くの人が逃げ遅れてつぶれた建物の下に取り残された。懸命な救助活動にもかかわらず、26人が犠牲になってしまう。また、湯谷団地では60棟以上の家屋が壊された（長野建設事務所）。地域の住民など1000人以上が湯谷小学校、城山小学校の体育館などに避難をしたが、家を失ってしまった人たちはプレハブの仮設住宅での生活を余儀なくされた。

地すべりで押しつぶされた松寿荘

地すべりの原因は土壌がすべりやすい粘土質の鉱物であったこと、戸隠バードラインの建設により地盤が不安定になったことなどが重なったとされている。山国信州は地すべりの危険をはらんだ地域が多いことをあらためて感ぜずにはいられない大災害であった。

8月13日（1945年 昭和20年）

長野空襲

語り継がなければならない日

太平洋戦争末期の1945年（昭和20）8月13日の早朝から夕方まで、長野市はアメリカ軍の航空母艦から飛び立った60機以上の艦載機により空襲を受けた。

長野飛行場への銃撃、長野駅へのロケット弾の投下、畑にいた人を狙った機銃掃射など、市内各所を繰り返し襲い、詳しい状況は不明だが知られているだけでも約50人が亡くなっている。また、同じ日に上田市でも上田飛行場などが空襲による被害を受けた。

都市部の住宅地や商業地、耕作地への空襲は、その目的の多くが戦力を誇示して敵の志気を失わせるためのもので、軍事施設、民間施設、軍人、民間人を問わず無差別に攻撃する極めて卑劣な行為である。

飛行場や駅などを攻撃して敵の戦略的な拠点にダメージを与え、その帰り際に機体を軽くするために積んでいる爆弾をところかまわず投下することも多々あったという。

空襲は死者だけでなく、傷を負う者、住居を失う者、壊される地域を生み、死への恐怖と憎しみを人々の心と体に植え付ける。

終戦から70年が過ぎ、当時の記録も記憶も失われつつある中、長野に空襲があり、多くの犠牲者が出た事実を忘れてはならないと、長野市では毎年8月13日に「長野空襲を語る集い」が開かれてきた。

主催者は市民の有志による「長野空襲を語り継ぐ会」で、その日に起きたことを体験者から聴き、戦争の悲惨さ、平和の大切さについて考えていくのが目的である。

戦争になればどこの場所に暮らしていても不安げに空を見上げなくてはならない。そのことを忘れないこと、そうならないために自分たちができることを考えて行動する。

それが空襲で亡くなった人への生きている者が出来る唯一の方法ではないだろうか。

長野空襲で機銃掃射を受けた障子戸

8月21日（1876年 明治9年）

現在の長野県が発足

長野県の形が見えた日

江戸時代、山々によって地域や集落がいくつにも分かれていた信濃国には数多くの藩があった。明治時代になると政府の府、藩、県の三治制が始まり、旗本領・幕府領を管轄する伊那県が誕生。その範囲は今の長野県全域に及ぶほど広かった。

それからまもなく伊那県のうち北信と東信の旗本領・幕府領が中野県として分かれ、やがて県庁が中野から長野に移転すると長野県となる。

さらに1871年（明治4）の廃藩置県で信濃国内の12の藩が県となり、そこに伊那県、長野県を加えた14の県になった。

これを統合したときに今の北信と東信に相当する飯山県、上田県、小諸県、岩村田県などの信濃国の部分が長野県に編入して長野県の県域が拡大。一方、今の中信と南信に当たる伊那県、松本県、高遠県、飯田県などは筑摩県となる。

そして、この二つの大きな県である長野県と筑摩県がひとつになり、長野県として発足したのが1876年（明治9）8月21日のことだった。

こうして現在の長野県の地域がほぼ確定した日であることから、この8月21日を長野県の誕生日として「長野県民の日」に制定してはどうだろうかとの声もある。

長野県庁舎全景（1964年）

他の県でも現在の県域が定まった日を「県民の日」としているところは、福島県、栃木県、千葉県、静岡県、三重県など少なくない。

これは特定の地域の自然や名所、産物、ゆかりの人物、建物などを理由に記念日を制定すると、県内の他の地域などから異論が出る可能性があるが、県の形が定まった日では文句を付ける理由が見つからないからだろう。

郷土の歴史を知り、郷土愛を呼び起こすためにも8月21日を「長野県民の日」にとの意見。みなさんはどう思われるだろうか。

8月22日（1928年 昭和3年）

松本商業学校が夏の甲子園で優勝

信州の若者が日本一になった日

高校球児の憧れの地であり日本の夏の風物詩でもある全国高等学校野球選手権大会。いわゆる「夏の甲子園」で長野県の学校が初めて全国優勝を果たしたのが１９２８年（昭和3年）８月22日。

その学校とは第14回全国中等学校優勝野球大会（現在の全国高等学校野球選手権大会）で優勝した松本商業学校（現在の松商学園高校）である。

北海道から九州・沖縄、さらには朝鮮、満州、台湾の代表まで22校が出場して行われたこの大会で、甲信越（山梨・長野・新潟）代表の松本商業学校は1回戦を山陽（岡山・広島・山口）代表の広陵中学校（広島県）を3対2で、2回戦を南九州（熊本・宮崎・鹿児島・沖縄）代表の鹿児島商業学校を3対2で破り準々決勝に進出。

準々決勝では東海（愛知・岐阜・三重）代表の愛知県商業学校を5対0で下し、準決勝

優勝した松本商業学校のチーム（松商学園高校所蔵）と松本商業学校の甲子園での試合をデザインした切手

は四国（徳島・香川・高知・愛媛）代表の高松中学（香川）を3対0で破っていよいよ決勝へ。

決勝の相手の京津（滋賀・京都）代表の平安中学（京都）は準決勝の北海中学との試合でノーヒットノーランを記録するほどの実力のある伊藤次郎投手が先発。しかし、松本商業学校は1回にスクイズで先取点を上げると3回にも連打で2点を加え、エースの中島治康投手が平安中学打線を1点に抑えて3対1で見事に初優勝を飾る。ちなみに中島治康選手はのちに野手に転向してプロ野球の東京巨人軍に入団、1938年秋のシーズンではプロ野球初の三冠王に輝いている。

松本商業学校はこの年までに夏の大会で準優勝1回（1924年・大正13）、準決勝敗退2回を経験。春の選抜では準優勝を1回（1926年・大正15）しており、まさに悲願の全国制覇を達成した。

9月5日（1992年 平成4年）

サイトウ・キネン・フェスティバル松本が始まる

音楽のまちに新しい記憶が生まれた日

今や日本を代表するクラシック音楽の祭典となった「サイトウ・キネン・フェスティバル松本」。開催地の松本市は音楽・山岳・学問の三つの「がく」をうたう文化都市として知られ、中でも音楽はまちの文化的な雰囲気の形成に重要な役割を果たしている。

その地に世界的に知られる指揮者の小澤征爾氏が中心となって、この音楽祭が初めて開催されたのが１９９２年（平成４）９月５日。会場はこの年の7月18日に開館したばかりの県松本文化会館だった。新しい文化施設と新しい音楽祭が組み合わさり、文化のまち・松本は新しい宝物を手に入れることになる。

じつはこの音楽祭の開催地には松本市と奈良市が候補に挙げられていたという。しかし、小澤氏が松本市はモーツアルトの生誕地のオーストリアのザルツブルグに気候が似ていて、自然の中の音楽祭のイメージにふさわしいとしたことで決まったと聞く。

開幕を飾ったのが武満徹氏が作曲した小典礼楽『セレモニアル』ということからも、このフェスティバルの良質な音楽を提供したいとの志の高さを感じ取った人も多かったのではないだろうか。

コンサートとともにオペラが上演されるのも「サイトウ・キネン・フェスティバル松本」の特徴で、これは小澤氏の「オペラの中でオーケストラを活かしたい」との強い思いが結実しているからに他ならない。

初年度のオペラはギリシャ古典悲劇の代表的作品『エディプス王』が上演され、エディプス王妃をジェシー・ノーマンが演じるなど世界的にも高い評価を得た。

表現力豊かに指揮をとる小澤征爾氏（1992年）

その後も毎年、意欲的なコンサートとオペラのプログラムが用意され、夏の松本には多くの音楽愛好家が集い、多くのボランティアがフェスティバルを支え続け、２０１５年（平成27）からは「セイジ・オザワ松本フェスティバル」となる。

9月8日
（1986年 昭和61年）

国宝の縄文のビーナスが出土

歴史的な発掘が行われた日

長野県には2014年現在、国宝に指定されているものが八つある。その中の二つが茅野市にある通称「縄文のビーナス」と「仮面の女神」と呼ばれる土偶だ。

1986年（昭和61）9月8日午後4時ころ、茅野市にある縄文時代中期の棚畑遺跡で一つの土偶が出土した。

遺跡の発掘作業を行っていた関喜子氏がわずかにのぞいていた土偶の冠を見つけ、その上の土を静かに取り除くとその下には釣りあがった目を持つ顔があらわれたのである。

関氏は竹べらで慎重に掘り進めてふくよかな二つの乳房、子どもを宿しているようなお腹、大きなお尻などを確認していく。

この土偶こそ1995年（平成7）に国宝に指定された「縄文のビーナス」である。

全長27センチ、重量2140グラムの土偶が出土したのは縄文時代によく見られる環状になった集落の中央にある広場の中ほどの穴の中で、壊されることなくほぼ完全な形で横たえられていたという。

その作り方は、体の部分を粘土でいくつかに分けて作り、その一つ一つに粘土で肉付けするようにして組み立てられていた。

茅野市尖石縄文考古館の「縄文のビーナス」（左）と「仮面の女神」

粘土には雲母が混じっていて表面がていねいに磨かれているので光沢があり、縄文人の美意識、自然への畏敬の念、生命への慈しみを表現しているかのように美しい。

発掘者の関喜子氏はこの土偶を見つけたときの気持ちを「ビーナスの美にも劣らぬ完形土偶ロームの土をまとひ出土す」と短歌に詠んでいる。まさに「ビーナス誕生」の思いであったのだろう。

ちなみに「仮面の女神」が、茅野市の中ッ原遺跡から出土したのは２０００年（平成12）８月23日の午後2時過ぎのことであった。

9月14日
(1984年
昭和59年)

長野県西部地震

土石流に飲み込まれた悲しい日

木曽郡王滝村は長野県の南西部にあり、岐阜県の下呂市、中津川市に隣接する人口約880人の村。御嶽山の麓にあり、かつては日本三大美林に数えられるほど上質な木曽ヒノキで知られた林業の村だった。

近年は豊かな自然を活かした民宿やスキー場の「おんたけ2240」などの観光産業に力を入れてきたが、時代の変遷とともになかなか思うに任せず、現在は財政再建に取り組んでいる。

その王滝村がマグニチュード6・8の大地震に襲われたのが1984年(昭和59)9月14日の午前8時48分過ぎのこと。震源の深さがわずか2キロメートルと浅かったため、まさに直下型の大きな揺れが起こった。

そのため前日まで降り続いていた雨の影響もあって村内各地で土砂崩れが起き、土石流が発生。王滝川の支流の濁川沿いにあった一軒宿の濁川温泉は一瞬で飲み込まれてしまい、経営者の家族ら9人が行方不明になっている。

また、森林組合の作業員と生コン工場の従業員らが土砂崩れで亡くなるなど、死者・行方不明者は29人で、そのほとんどが土砂による犠牲者であった。

家屋の被害は13棟が全壊、86棟が半壊、473棟が一部損壊と記録されている。それは村のほとんどの家屋が何らかの形で壊されたことを意味する数字だ（県防災課資料）。

地震の直接的な被害というよりも、それが原因で発生した土砂崩落、土石流などが多くの人命を奪ったこの地震は「長野県西部地震」と呼ばれている。

山々に囲まれた過疎地でお互いを支え合いながら暮らしてきた王滝村の人々にとって、地震による土砂災害はとても大きな損失となったが、そこから立ち上がり、新たな村を築こうとしている人々のことも忘れてはならない。

土砂崩れで道路が寸断された王滝村

9月27日（2014年 平成26年）

御嶽山噴火災害

火山の恐ろしさを実感させられた日

長野県の木曽町と王滝村、岐阜県の下呂市と高山市にまたがる標高３０６７メートルの御嶽山。日本の３０００メートル級の山ではいちばん西にあり、古くから御嶽信仰の山として知られてきた。

近年では３０００メートルを超える高所にある火山にもかかわらず、登山口が標高の高い位置にあるため頂上までの日帰り登山も可能で、その眺望の良さや日本百名山、花の百名山などにも選ばれていることなどから多くの登山者が訪れる人気の山となっている。

その御嶽山が２０１４年（平成26）９月27日午前11時52分、火口付近から噴火。飛散した噴石などが登山者を直撃して多くの人が被害にあった。

死亡が確認されている人は57人にのぼり、火山活動による被害人数としては１９９１年（平成３）に起きた長崎県の雲仙・普賢岳の噴火による死者・行方不明者43人を上回る戦後最多となってしまった。

あまりにも突然の噴火だったため、山小屋に避難することも出来ずに逃げ遅れた人々は大きな物では長さ数メートルに及ぶ無数の噴石と激しい降灰に襲われ、その場で身動きが取れなくなったと見られている。

噴煙を上げる御嶽山（9月27日午後2時18分）

長野県警、消防庁、陸上自衛隊などが被災者の救助に向かい、山小屋などで避難していた人々を多数救助したが、噴火した当日は紅葉のシーズンの土曜日で、絶景を眺めながら昼食をとろうと多くの登山客が頂上付近に集まっていたことが、大きな被害になってしまった要因のひとつだったという。

また、その後の心肺停止状態の人たちの搬出活動も、噴煙を上げる火山に注意を図りながら火山灰、有毒ガスなどの危険と隣り合わせで行われた。御嶽山の噴火災害は自然の脅威とともに、日本にある１１０の活火山に対する防災体制の再検討を迫っている。

10月1日
(1997年 平成9年)

長野新幹線開業

長野が東京に近づいた日

長野オリンピックを翌年の2月に控えた1997年（平成9）10月1日、高崎駅から長野駅までを結ぶ「長野行新幹線」が開通した。

正式には「北陸新幹線」の一部だが、長野駅までしか走っていないのに「北陸新幹線」と名乗ると乗客が北陸にまで行けるのかと誤解してしまうし、「長野新幹線」では北陸地方の人が新幹線は長野駅までしか来ないのかと思ってしまうなどの理由から、当初は「長野行新幹線」と呼ぶようにしたという。

それも駅の案内板などに表記するときは「長野行新幹線」と、行の字を小さくする気の使いようだった。

しかし、この呼び方、書き方ではかえってわかりにくいことから、やがて「長野新幹線」と呼ばれるのが一般的になっていく。

ところで東京駅から長野駅までが「長野新幹線」と思われがちだが、東京駅から大宮駅までは「東北新幹線」、大宮駅から高崎駅までは「上越新幹線」が正式な路線名。もっとも乗客に対してはその列車の運行区間に基づいて案内されるので、東京駅発の長野駅行きでも「長野新幹線」とアナウンスされる。

長野駅を出発する新幹線「あさま」の一番列車

その「長野新幹線」開業の日は水曜日で、午前6時2分、一番列車の「あさま500号」が長野駅から東京駅に向けて出発。著者はテレビの特別番組のコメンテーターとして長野駅にいたのだが、この一番列車に乗るために前日から徹夜で200人以上が行列を作っていたのを目撃した。それだけ期待が大きかったのだろう。

また、それまでの信越線の特急「あさま」に比べると所要時間が平均1時間半と、約半分の時間で東京に着くことを表現したかったのか、開業時のキャッチコピーは「東京は長野だ」という自虐的なものだった。2015年（平成27）3月14日からはこの新幹線が金沢駅まで運行される。

11月1日（1660年）万治3年

万治の石仏が建立された日

不思議な石仏に魂が宿った日

下諏訪町は中山道と甲州街道の合流点にあり、信濃國一之宮の諏訪大社の下社春宮と下社秋宮のある古くからの宿場町。また、良質な温泉が湧き、旅館の内湯だけでなく共同の温泉浴場もあることから多くの観光客が訪れる温泉町でもある。

そして、最近その観光客の人気を集めているのが春宮から歩いてすぐのところにある「万治の石仏」。

高さ2・7メートル、奥行き4メートルの自然石でできた胴体の上に、高さ約60センチの別の石でできた仏頭がちょこんと載っている独特のフォルムで、芸術家の岡本太郎氏が「世界中を歩いてきたが、こんなに面白いものは見たことがない」と絶賛してから広く知られるようになった。

その名の通り「万治の石仏」が建立されたのは万治3年（1660）11月1日のことで

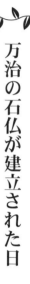

はないかと言われている。これは胴体に「日」「月」「雲」「雷」などを現す文様とともに「万治三年十一月一日」と刻まれているからだ。

そして、万治の石仏建立３５０年にあたる２０１０年（平成22）からは下諏訪町商工会議所や下諏訪町観光協会から新しい参拝方法が提唱され、評判を集めている。

一、正面で一礼し、手を合わせて「よろずおさまりますように」と心で念じる。

二、石仏の周りを願い事を心で唱えながら時計回りに三周する。

三、正面に戻り「よろずおさめました」と唱えてから一礼する。

というもの。

こうした歴史的なものにも新しい習慣が生まれると、親しみが湧き関心を持ってもらえる。記念日がそうしたきっかけ作りに役立つことも少なくない。

周囲を３周する人が多い「万治の石仏」

11月1日
（1996年
平成8年）

長野市のエムウェーブ竣工

スピードスケートの殿堂が完成した日

長野オリンピックのスピードスケート会場として、長野パラリンピックの開閉会式・アイススレッジスピードレース会場として長野市に建設された「長野市オリンピック記念アリーナ」。この建物が竣工したのは、長野オリンピックを約1年3ヵ月後に控えた1996年（平成8）11月1日のことである。

スピードスケートの会場なので実際にリンクの状態を前年のシーズンからテストしておく必要からオリンピック本番の1年以上も前に建設された。

国内初の屋内で400メートルのダブルトラックを持つリンクで、国際スケート連盟公認のリンクとして竣工した翌年には世界スピードスケート選手権が開かれ、長野オリンピック後も国民体育大会、世界距離別選手権、世界スプリント選手権など、国内外の大きな大会が毎年のように開かれている。

また、2005年（平成17）にはスペシャルオリンピックス冬季世界大会の開閉会式会場としても使われた。

屋根を横から見たとき、その形状はM字の形の波が連なるように見えることから「M－WAVE」（エムウェーブ）の愛称が付けられているが、正面から見たときは信州の美しい山並みに通じるとして、山のマウンテンの頭文字からMウェーブと名付けられたとのだと考える人も多い。

信州の山並みをイメージした「エムウェーブ」

信州産カラマツ材の吊り屋根で構成された建物は大きな空間を生み出すとともに、音響や暖房設備などにも細かく配慮がされており、国内外の建築賞を数多く受賞した。

現在は冬はアイスリンクとして使われ、春から秋にかけては長野県で最大級の2万人を収容できる施設を活かして見本市やコンサート、展示会などの大型イベントの会場として活用されている。

11月11日（1944年 昭和19年）

松代大本営造営始まる

負の遺産が築かれ始めた日

太平洋戦争末期、当時の軍部は本土決戦の拠点として最高司令部の大本営や政府の機関を長野県松代町（現在の長野市松代）に移す計画を立て、松代に巨大な地下壕を構築しようとした。今に残る松代象山地下壕である。

その工事のための最初の発破が鳴り響いたのは１９４４年（昭和19）11月11日午前11時11分とされている。11が並ぶ日時時刻にこだわったのは漢字の十一が部首の「士」（さむらい）に通じるとともに、縁起の良い「吉」の字を連想させるものだったからではないかという。

また、さかのぼること26年前の１９１８年11月11日は第一次世界大戦が終結した日である。日英同盟によりイギリスと同盟関係にあった日本は連合国の一員として参戦、つまり11月11日は日本にとっても第一次世界大戦に勝利した記念日だ。

信州を神州と言い換えてまでの屁理屈がまかり通っていた時代なら、この重大事にしてもそんな縁起担ぎのようなことが行われていたとしても不思議ではない。むしろ語呂合わせや数合わせ、過去の日歴を吉兆と読み立てることで、自身の責任転嫁を図るのは常套手段であったろう。

もちろん、造営の着工は土地の収用を開始した日とか、工事の掘削が始められた日など、その見方によって大きく変わるが、地下壕の建設というものの象徴的な意味での開始を最初の発破と捉えれば、まさに11月11日がその基点になった日といえるのではないか。

松代大本営地下壕を見学する人々

1945年（昭和20）8月15日の終戦の日まで約9ヵ月間にわたって続けられた工事には朝鮮からも多くの人々が強制的に従事させられたという。

平和の尊さを伝えるためにもこの戦争遺跡を後世に残していくことが私たちの責任ではないだろうか。

歴史の中の記念の年と記念日

長野県は旅館業を中心に老舗と呼ばれる企業が多い。その一社一社に「創業年」「創業日」という名の記念の年、記念日がある。ところが老舗企業の中には「寛永年間創業」「創立明治18年」などを謳っている企業が少なくない。

今の時代、「寛永年間」と聞いて何年前のことだかわかる人がどれほどいるだろうか。明治18年が西暦何年なのかを答えられる人はほとんどいないのではないか。

せっかく歴史のある老舗なのだから、創業が何百何十何年前になるのかをわかってもらえるように西暦も併記すべきだと思うのだが。

以前、宿泊した宿のパンフレットに「明治参拾六年長月弐拾四日創業」と書かれていたので女将に西暦での年月日を尋ねると「1903年9月24日ですね」と笑顔で話してくれた。きっとよく聞かれるので、すぐに答えたのだろうと思ったら「その日は木曜日でした」と言い、さらに「その年はライト兄弟が初めて飛行機で空を飛んだ年です」と続けた。

そこには歴史を刻んできた宿の誇りと、お客さんと楽しく会話をしようという気配りが感じられ、とても嬉しくなったのを覚えている。さて、あなたの会社の創業日は何曜日？

第二章

長野県の主な祭り、年中行事の記念日

1月1日〈元日〉

年のはじめを祝う日

新年に願いを込めて初詣をする日

「元日」は国民の祝日に関する法律の第2条で「年のはじめを祝う」とだけ定められている国民の祝日。

他の祝日の定義に比べてもなんとも素っ気ない。多くの人が神社仏閣に初詣に出かけ、その年の健やかなことと、この一年の希望を託す日だけに、せめて「新しい年のはじめに心も新たに、よりよき社会を築くためにみんなでその年の健やかなことを願い行動する日」くらいに文面を改めてみてはと思う。

神社仏閣の多い長野県では元日に初詣をしないと新年を迎えた気がしないという人も多いことから、県内各地の神社仏閣では前年の大晦日からの二年参り、元日の初詣などに備えて大きな賽銭箱を用意したり、縁起物の破魔矢を販売するなど準備に余念がない。

長野県内で初詣といえば、長野市の善光寺、上田市の北向観音と生島足島神社、安曇野市の穂高神社、松本市の四柱神社、佐久市の鼻顔稲荷、諏訪市の諏訪大社上社本宮と前宮、下諏訪町の諏訪大社下社秋宮と春宮、駒ヶ根市の光前寺、飯田市の元善光寺、千曲市の武水別神社などが有名。

そして、初詣とともに元日に欠かせないのが雑煮だ。長野県内では、雑煮は四角く切った切り餅を醤油仕立てのすまし汁に入れる家が多く、お供え用には丸い餅を使う。

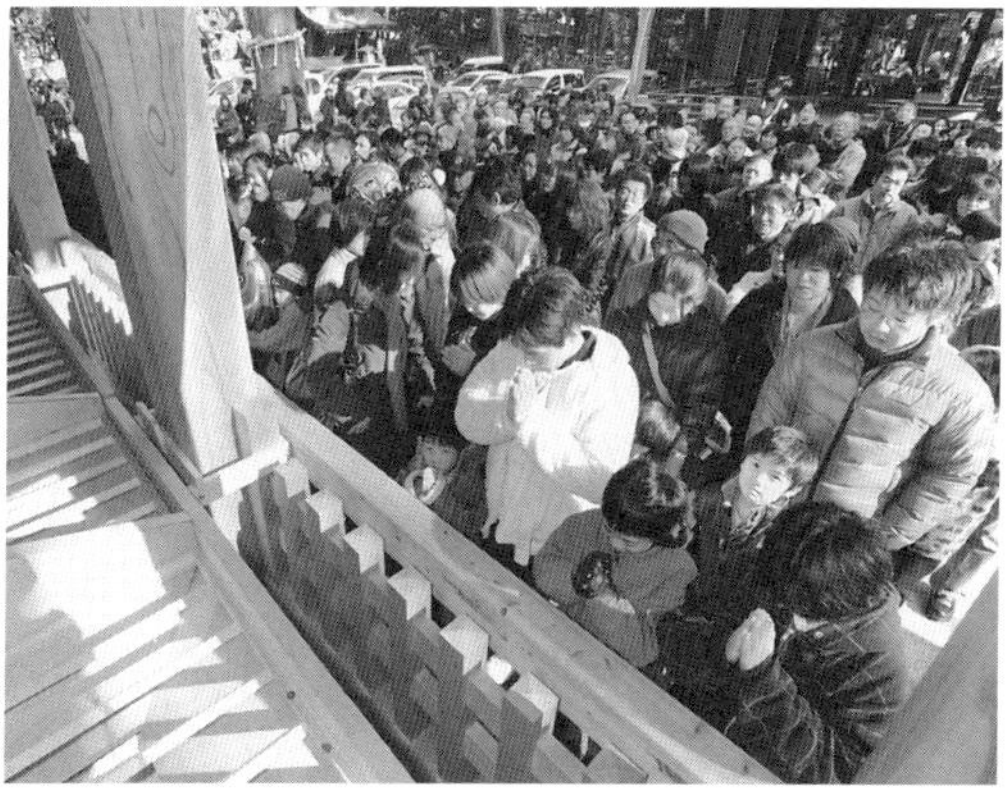

新年の幸せを願って穂高神社での初詣

年取り魚は北信と東信が鮭を、中信と南信が鰤を食べるというのが定説のように語られるが、それは物流が今ほど発達していなかった時代のことで、最近はスーパーマーケットなどでは鮭も鰤も、さらには鯉や鱒などいろいろな種類の魚を年取り魚として販売している。

海のない長野県だけに正月から魚介類をたくさん食べるのは縁起が良いと考える人も少なくないからだという。

1月6日（長野市・善光寺）

びんずる廻し

「撫で仏」を撫でて病を癒す日

長野市の善光寺の本堂外陣入り口に安置されている「びんずる尊者」の像を台座ごと参詣者が引き廻して無病息災を祈願する行事。毎年1月6日に行われる。しめ縄の鉢巻きを締めたびんずる尊者の像を5回堂内で引き廻し、その後に配られる福しゃもじでびんずる尊者を撫《な》でるとその年は健康に過ごせるといわれる。

そもそも「びんずる尊者」とは仏教を開いた釈迦の弟子で、十六羅漢と呼ばれる16人の弟子のひとり。

強い神通力を持っているとされ、参詣者が自分の体の悪いところとびんずる尊者の像の同じところを撫でるとその病が治るという信仰から「撫で仏」の別名を持つ。

びんずる尊者は奈良の東大寺の大仏殿の入り口や興福寺の南円堂の前など、全国のいくつもの寺に置かれているが、信州人は善光寺のびんずる尊者がいちばん有名だと思っている。それもそのはず、長野市を代表する夏祭りは「長野びんずる」という名前。長野市を代表するものとして愛されてきた善光寺のおびんずるさま（びんずる尊者）から拝借したものなのだから。

善光寺のびんずる尊者は木製で高さ80センチほど。多くの参詣者に撫でられ続けているために顔がツルツルで目や鼻の形もよくわからないほど。それほどさまざまな病に苦しんでいる人が多いということなのだろうか。

びんずる廻しが行われる1月6日の翌日、1月7日の早朝から正月行事で最も荘厳な儀式の七草会という法会が執り行われる。

ちなみに「びんずる尊者」を漢字で書くと「賓頭盧尊者」。

本名の「ビンドラ・バラダージャ」の名前の「ビンドラ」が転じて「びんずる」と呼ばれるようになったという。

1年の健康を願いびんずる尊者の木像を撫でる参詣者

1月7日〈人日の節句〉

七草

春の七草のかゆを食べる日

「せり、なずな、ごぎょう、はこべら、ほとけのざ、すずな、すずしろ」。この7種類の若菜が春の七草。1月7日の朝に七草を入れたおかゆを食べると、その年は風邪を引かない、病気にならない、元気に過ごせるとの言い伝えがある。

もっともこれはお正月に食べ過ぎた胃を休め、冬には不足しがちな野菜を食べようという生活の知恵のひとつ。

長野県内では七草がゆに正月の餅を入れて食べたり、ニンジン、ハクサイなどを入れるところもある。どうやら七草がゆは代用品であれ7種類の野菜を摂ることに意味があるようだ。

ではなぜ「7種類」なのか。中国の前漢の時代には元日には鶏を、2日には犬を、3日には猪を、4日には羊をというようにそれぞれの動物の運勢を占っていた。そして、1月

7日は人の日「人日（じんじつ）」とされ、この日にちなんで7種類の若菜を食べることで無病息災を願うようになったという。それが日本に伝わり「人日の節句」と呼ばれ、五節句のひとつの行事として行われるようになった。

また、七草がゆを作るときには「七草なずな　唐土の鳥が　日本の土地に　渡らぬ先に　スットントン　ストトン」と歌いながら作る地域もある。

唐土の鳥とは疫病を運ぶ渡り鳥のことで、鳥インフルエンザのことを思うと古くから鳥によっての被害が考えられていたのには驚く。

ちなみに最近よく出回っている7種類の若菜を小さな籠に入れた「七草がゆセット」を作ったのは長野市の農家の人。冬のビニールハウスの有効利用が目的だったそうだが、昔からの生活習慣を商品化するそのアイデアと行動力には感心するばかり。

七草がゆ作りに励む子どもたち

八日堂縁日

1月7・8日（上田市・信濃国分寺）

蘇民将来の御符を求める日

上田市の信濃国分寺の境内で1月7日の夕方から8日にかけて開かれる縁日。八日堂とは信濃国分寺の通称で、縁起物を売る多くの店が立ち並び「蘇民将来」と呼ばれる六角形の木製の護符が頒布される。年の始めに行われる縁日はこの地方の交易、交流の場としての役割も担っていたという。

「蘇民将来」の護符は古くから全国各地に伝わる厄除けの護符で、八日堂縁日では室町時代から知られていた。

それはドロヤナギと呼ばれる樹木を六角形の塔の形に切り出して作ったもので、6つの側面には「大福・長者・蘇民・将来・子孫・人也」の文字が記されている。

江戸時代から信濃国分寺とその門前に家を構える人たちで組織された蘇民講により製作され、寺へ奉納する護符のほかに参詣者にも1万体以上が頒布されることから、近在はもとより、遠方からも多くの人が訪れる。

上田市の飲食店や千曲市の戸倉上山田温泉の旅館の玄関口に飾られているのをよく見るが、ある旅館のご主人に尋ねると「毎年、縁日に行って買い求めて新しくするのがうちの流儀です。買いそびれた年は何か良くないことが起こるんじゃないかと心配になるほどですから」と話してくれた。それほどまでに地域に根付いた縁日というわけだ。

また、8日の朝からは本堂前の石畳の両側で、蘇民講の七福神が描かれた「絵蘇民」も頒布され、これも家々の門口に飾ったり神棚に供えるなどして、厄除け、開運、家の繁栄などを祈るもの。

この行事は「蘇民将来符頒布習俗」として国の選択無形民俗文化財に認定されている。

ドロヤナギで作られた蘇民将来の御符

1月15日
（野沢温泉村）

野沢温泉の道祖神祭り

勇壮な火祭りに酔いしれる日

「日本三大火祭り」といえば、和歌山県那智勝浦町で7月に行われる「那智の火祭り」、福島県須賀川市で11月に行われる「松明《たいまつ》あかし」、そして長野県野沢温泉村で1月に行われる「道祖神祭り」である。どの祭りも勇壮にして炎と人が織りなす景観が多くの人の心を捉えて離さない。

とくに野沢温泉の道祖神祭りは他の二つの火祭りと違い、毎年1月15日という冬に行われるため、その壮大さとともに冬の凍てつくような寒さの中で熱い炎が舞う姿、地域がひとつになっての刻まれた歴史、いくつものしきたりなど、さまざまな物語が凝縮されている。

祭りは地区を代表する野沢組惣代が元締めとなり、厄年を迎える男たちを中心に行われ、村の道祖神場に築かれた高さ約20メートルの4本のブナの神木を柱にした社殿での男たちの攻防が圧巻。

社殿の上には42歳の厄年の男たち、下には25歳の厄年の男たちが陣取り、社殿に火をつけようと松明を掲げて突っ込んでくる村人たちを、25歳の若者たちが手に持った松の枝で打ち払い押し返す。人の思いも湯（温泉）も、とびきり熱いといわれる野沢温泉村の祭りだけに、攻防ごとに松明の火の粉が舞い、見物人の歓声が夜空にこだまする。

クライマックスを迎え燃え上がる社殿

いくどとなく繰り返された攻防の後、双方が手締めをしていよいよ社殿に火がかけられると祭りは最高潮を迎え、燃えさかる社殿を数千人の観客はただ息を呑んで見つめている。

立ち上る炎の美しさと恐ろしさ、そして自然のすごさを、炎の熱と冬の夜の冷気の中で感じることができる「野沢温泉の道祖神祭り」は１９９３年（平成５）に国の重要無形民俗文化財に指定された。

寒の水

大寒〈1月20日前後〉（御代田町）

日本一寒くて熱い祭りの日

暦のうえでもっとも寒いとされる二十四節気のひとつ「大寒」。その夜に御代田町の草越地区で行われる伝統行事が「寒の水」である。

この日の午後から水行を行う男たちが集まり、頭にかぶる藁でできた兎巾《ときん》を編む。夕暮れになると長老役の人たちがホラ貝を吹き太鼓を叩いて地区を周り、道を清めて祭りの始まりを告げる。

このあとふんどしひとつの裸に兎巾をかぶった男たちは公民館の前に用意された大きな桶に入っている冷たい水を手桶で汲んでは何度も頭からかぶる。水をかぶるたびに白い湯気が体から立ち上り、男たちの体はみるみるうちに赤くなっていく。

見物人の「すごく寒そう」の声をよそに男たちは「はじめの一杯は寒いというか痛いけれど、あとは何杯かぶっても感じなくなる。むしろだんだん熱気で暖かくなってくるんだ」と話す。

この身を清める「禊ぎ」が済むと、男たちは凍てつく空気の中、赤いふんどしとわらじ履きの姿で地区の熊野神社目指して一斉に走り出す。少し走るとふんどしがピキピキと音を立てて凍りつくというのだからその寒さがわかろうというもの。この時期の御代田町の最低気温は氷点下10度になることも珍しくなく、まさに「日本一寒い祭り」の名にふさわしい。

熊野神社に兎巾を奉納したあと再び公民館まで走って戻り、わらを燃した火で暖を取ることで生き返る男たち。

本来は五穀豊穣、無病息災、新築した家の厄除け祈願などから始まったとされる寒の水だが、真冬に水行によって身を清める祭りは全国的にも珍しく、１９８９年（平成１）には長野県の無形民俗文化財に指定された。

氷点下の中で男たちが威勢良く水をかぶる

2月3日
（上田市・
別所温泉）

北向観音の節分会

厄除け観音に「鬼は外」が響く日

立春の前日の節分に厄を払うことで新しい年の平穏を願う節分。家庭では「福は内、鬼は外」と声を掛けながら炒った大豆の福豆を撒いて、自分の年齢の数だけ大豆を食べる。玄関や勝手口には邪気を払う意味でヒイラギの枝とイワシの頭を挿す風習もあるが、これはヒイラギの葉の棘が鬼の目を指し、イワシのニオイで鬼を防ぐためと言われている。

信州の鎌倉と呼ばれるほど由緒ある寺社の多い上田市の塩田平。その中心に位置する別所温泉にあり、厄除観音として知られる北向観音堂は平安時代の初期に慈覚大師によって開かれたとされる霊場だ。

何度も火災に見舞われたがそのつど再建され、江戸時代の１７２１年（享保６）に現在の堂が完成後も、幾たびもの修復を経て１９６１年（昭和36）に長野市の善光寺の本堂と同じように、間口よりも奥行きが長い撞木造りになった。

本堂が北を向いているのは観世音菩薩が出現の際に「北斗七星が世界のよりどころとなるように、我もまた人々のよりどころになる」との願いが込められているという。

また、善光寺が来世の利益をもたらすのに対して、北向観音は現世の利益をもたらすとされることから善光寺だけの参拝は「片参り」と言われ、北向観音も多くの参拝客で賑わう。

北向観音での著名人を招いての豆まき

その北向観音で2月3日の節分に盛大に開かれる節分会は、冬の別所温泉の風物詩にもなっていて、元横綱の千代の富士（九重親方）、ドラえもんの声で知られる大山のぶ代さんなどの著名人が多数来場して豆まきを行うことでも有名。

ちなみに長野県内では大豆ではなく落花生を殻付きのまま撒くところもある。その理由は拾い集めやすく、中のピーナッツが汚れないからとのこと。さすがに合理的な信州人。

2月11日（佐久市）

鼻顔稲荷神社の初午祭

「いなりずし」を食べて御利益を授かる日

京都市の伏見稲荷、茨城県笠間市の笠間稲荷、愛知県豊川市の豊川稲荷、佐賀県鹿島市の祐徳稲荷とともに、日本五大稲荷のひとつと入り口の案内板に記載されている佐久市岩村田の鼻顔稲荷神社。鼻顔と書いて「はなづら」と読む。これは昔の地名から命名されたものだという。

永禄年間の16世紀の中ほどに商売繁盛を願って京都の伏見稲荷から分霊されて創建された神社で、すぐ下を流れる千曲川の支流の湯川の断崖に、足場を組んで造られた懸崖作りの本殿が特徴。参拝するときは床板のすき間から下がのぞけるので少しスリルを味わうことができる。

毎年2月最初の午《うま》の日の「初午」には境内や参道にダルマ市や露店が出て賑わいを見せていたが、最近は祝日のほうが人出が見込めるため建国記念の日の2月11日を「初午祭」

としており、子どもから大人までが懐かしい縁日の気分を楽しめる貴重なものになっている。

稲荷神社の祭りだけに縁起の良いいなりずしの出店も設けられ人気だ。

そもそも初午は豊作祈願のために始められたものが、稲荷信仰と結びついて盛んになった。今では農業はもとより、漁業、商売、学業成就、家庭円満、安産祈願など、さまざまなことに御利益があるが、鼻顔稲荷神社では境内にはケヤキとアカマツが絡み合うように生えている「相生の樹」があることから、縁結びにもご縁があるのだとか。

大勢の参拝客で賑わう鼻顔稲荷の初午

稲荷神社といえば朱塗りの鳥居と神様の使いである白いキツネがシンボルとなっている。もちろん鼻顔稲荷にも境内に商店などから寄進された鳥居があり、御姿殿には母親の乳を飲むキツネの石像も安置されていることから、子育ての願いも叶えてくれると評判だという。

3月3日
（北相木村）

桃の節句　かなんばれ

女の子の健やかな成長を祝う日

女の子の成長を願う行事のひなまつり。もともとは中国の古い習慣で五節句のひとつ3月3日の上巳《じょうし》の日に、川で身を清めて穢《けが》れを祓う行事から生まれたという。やがて人の代わりに紙などで作った形代《かたしろ》に穢れを移して川や海に流し、災難を防ぎたいとの思いを込めた行事になった。

長野県内でこの流し雛の習慣を今に伝えているのは北相木村の「かなんばれ」。米俵の両端に当てるわらで編んだ丸いふたのような「さんだわら」にひな人形を乗せて、河原から流す行事で、「かなんばれ」は家の難を祓う「家難祓」が語源のひとつとされている。戦前までは北相木村の各地区ごとに行われていたが徐々に廃れていき、1980年（昭和55）に学校行事として復活。以降は毎年、北相木小学校で行われている。

ところでひなまつりが日本で広まっていくきっかけは平安時代に貴族の子女がその家々

で取り入れ、上巳の節句として、災いから守る大切な行事としたからだ。

それがやがて江戸時代には女の子のひな人形遊びと節句の意味合いから盛んになり、嫁入り道具に形代のような立雛や坐った形の坐り雛を持たせる武家もあらわれる。

こうした内裏雛だけの時代から、年代を経るごとに三人官女や五人囃子、右大臣と左大臣など、次々と重厚さと華やかさが増していく。

そして、菱餅、甘酒、あられなどのお供え物が行事に彩りを与え、さらに邪気を払う桃の花を飾ったことから桃の節句と呼ばれるようになる。

長野県では北相木村のかなんばれの習慣のほか、松本では女の子が生まれると押し絵雛を贈り、その子が結婚したら嫁入り道具に持たせる習慣がある。

こうした受け継がれていくものが多いまちはきっと素敵なまちに違いない。

北相木村のひなまつりの行事「かなんばれ」

3月31日
～4月1日
（中野市）

中野ひな市

愛らしい土びなに出会う日

江戸時代の寛永10年（1633）ころから中野（現在の中野市）では近隣のものを売る市が開かれていたという。やがて市は定期的に開かれるようになり「九斎市」と呼ばれた。文化年間（1810年ころ）になると市で紙のひな人形が売られるようになり、文政年間（1820年ころ）には奈良家の初代の栄吉が京都伏見で土人形を見てひかれ、その型を譲り受けて中野に持ち帰り、製作をしたものを市に出して売るようになる。土びなは4月の市で売られたことから今の「ひな市」へとつながっていく。明治時代になると瓦職人だった初代の西原己之作が土人形を製作するようになり、この二つの家系が中野の土人形づくりの源流となる。

奈良家の人形は「中野人形」と呼ばれ縁起物や風俗物を、西原家の人形は「立ヶ花人形」と呼び、歌舞伎を題材とした人形が作られている。

こうした二つの系統の土人形が同じ地域で作られているのは大変珍しく、そのことも中野の土人形の魅力なのだろう。

ひとつ一つが手作りの土人形は数が限られているために即売会も抽選で行われる。抽選会で購入の権利の順番が決められ、なかなか即売会で目星を付けていた作品を手にいれるのは大変だが、それだからこそ貴重なものともいえる。

中野市では3月の始めから約1ヶ月間にわたって市内各所で商店が持っている土びなを店頭に飾る「まちかど土びな展」を開催しており、土びなを見ながら町の散策を楽しめる工夫が人気だ。

地域に根付いた愛らしいものを受け継ぐだけでなく、訪れた人を楽しませる仕掛けづくりが、中野市を「土びなの町」と呼ぶにふさわしい町にしている。

展示即売会を前に土びなを品定めする人たち

5月3日〜5日（飯山市）

いいやま菜の花まつり

「朧月夜」を歌いたくなる日

伊那市高遠の「高遠さくら祭り」、上田市の「上田城千本桜まつり」、岡谷市の「鶴峯公園つつじ祭り」、佐久市の「佐久高原コスモスまつり」、千曲市の「あんずまつり」など、長野県の各地ではそれぞれの花の開花時期に合わせてその地域を代表する花を楽しむ花まつりが開かれる。

その中でも見わたす限りの大地が黄色に染まり、見わたす限りきれいな菜の花が咲き誇る飯山市の「いいやま菜の花まつり」は、その情景が唱歌『朧月夜』の歌い出しの「菜の花畠に、入り日薄れ」に重なるほど、懐かしい思いに駆られるすてきな花まつりだ。

会場の菜の花公園では８００万本といわれる菜の花畑の向こうに、残雪が残る山々とゆったりと流れる千曲川を望むことができる。

長野県のサンセットポイントにも選ばれている夕暮れ時の光景は、その風情が一段と増して思わず目を奪われてしまう。

この13ヘクタールにも及ぶ広大な菜の花公園の菜の花は、地元の「菜の花さかせるかい」の人たちの努力によって守られてきた。

1992年（平成4）に結成されてから、下草を刈り、畑を起こし、肥料をまき、種をまき、菜の花の育成を手がけてきたという。こうした人々の地道な努力があってこその花まつりなのである。

花まつりの開催に合わせて千曲川を渡る渡し船や船下りを楽しむ周遊船も運行され、さらには菜の花畑で作られた迷路や、朧月夜音楽祭が開かれるなど、今や飯山市の観光には「いいやま雪まつり」とともに欠かせない存在といえるだろう。

2015年の北陸新幹線飯山駅の開業もあって、これからの「いいやま菜の花まつり」は全国にも知られる花まつりになるに違いない。

一面に咲き誇る飯山市の「菜の花公園」

5月3日〜5日（佐久市）

佐久バルーンフェスティバル

熱気球を間近で楽しむ日

長野県は空がきれいだ。北アルプスの稜線の上に広がる青空。美ヶ原高原から見晴らす360度の空。そして、阿智村のように夜空の美しさ日本一をアピールしている地域もあれば、小諸市の高峰高原のように標高2000メートルの野天風呂から満天の星空を眺められる温泉もある。

そうした信州の空の美しさを実感させてくれるのが毎年ゴールデンウィークに開かれる「佐久バルーンフェスティバル」。

国内外から40機もの熱気球が集まり、地元の佐久熱気球クラブのメンバーも含めたトップレベルのパイロットによる「熱気球ホンダグランプリ」の競技大会が見どころのひとつ。いかに上空の風を見極めて地上に設定されたターゲットをめがけてマーカーと呼ばれるリボンのついた砂袋を近づけるかを競う。

早朝に行われる競技中は浅間山、蓼科山、八ヶ岳を背景に、多数の気球が佐久平の開けた大空を舞う姿を収めようと、多くのアマチュアカメラマンがシャッターを切る。

また、会場では熱気球の体験搭乗や暗闇の中にバーナーの炎だけで照らし出されたバルーンが幻想的な雰囲気を醸し出す夜間係留の「ナイトイリュージョン」など、さまざまなイベントも行われる。

長さ20メートル、横幅15メートルにもなる熱気球を間近で見られる機会はそうあるものではない。

大空に舞い上がるいくつもの熱気球

アニメのキャラクターなどをデザインしたシェイプバルーンと呼ばれる変形の気球なども見られ、佐久市の魚にもなっている佐久鯉をモチーフにした「佐久の鯉太郎」も登場する。5月のさわやかな空を見上げるとカラフルなバルーン。そんな3日間も楽しい。

大鹿歌舞伎

5月3日・10月第3日曜日（大鹿村）

芝居の原点に触れる日

長野県は全国的に見ても地元の人々が演じる歌舞伎、いわゆる「地芝居」と呼ばれるものが盛んな土地柄である。

中でも下伊那郡大鹿村で300年以上も前から村の各集落の神社などの舞台で演じ続けられてきた大鹿歌舞伎は、人々の暮らしの中に息づいてきた貴重な芸能のひとつ。

現在は春と秋の年2回定期公演が行われ、春は5月3日に大磧神社の舞台で、秋は10月の第3日曜日に市場神社の舞台で行われる。

神社の境内に前宮の名目で建てられた舞台は、どちらも間口が6間、奥行きが4間で、回り舞台があり上手には太夫座と呼ばれる義太夫の語り部屋が作られ、いかに当時の村人たちが歌舞伎のために力を注いできたかを目の当たりにすることができる。

また、上演する外題は30演目以上もあり、とくに「六千両後日之文章　重忠館の段」は大鹿歌舞伎だけに伝わる外題で、６人の千両役者が演じることで多くの村人が主役になれるようにと工夫されたものだという。全編を通じて15人の配役が登場する1時間半にも及ぶ長芝居は大鹿歌舞伎の代名詞ともなっていて、２０００年（平成12）に地芝居として初めて大阪の国立劇場で上演されたときもこの演目であった。

舞台と観客が一体となった大鹿歌舞伎

他にも「菅原伝授手習鑑　寺子屋の段」「一谷嫩軍記　熊谷陣屋の段」「奥州安達原三段目　宗任物語の段」などの有名な演目が演じられるが、役者だけでなく、浄瑠璃の弾き語りである太夫、囃子方、黒衣、着付け、化粧など、演者に係わることをすべて大鹿歌舞伎の愛好会が行う。神社の境内にゴザを敷き、お弁当を食べながら芝居を楽しむ。舞台と観客がひとつの時間と空間を作り出す様は、芸能の原点に他ならない。

端午の節句

5月5日

鯉のぼりに男の子の成長を願う日

端午とは旧暦午《うま》の月（5月）の始め（端）の午の日のことで、やがて日付を定めようと5月5日を端午と呼ぶようになる。

最近は5月5日が国民の祝日の「こどもの日」となっていることから「端午の節句」の話題が少ない。この日はゴールデンウィークの最終日となることも多いので仕方のない面もあるが、本来は季節の邪気を払う大事な日であった。そのために薬草として知られた菖蒲で疫病を払う節句ということで「菖蒲の節句」とも言ったという。

江戸時代になると3月3日の女の子の節句の「桃の節句」に呼応する形で「菖蒲」が武道、武勇を重んじる「尚武」と同じ音であることから、武家の間で男の子の節句として広まっていく。菖蒲を軒下などに飾り、菖蒲湯に入り、柏餅を食べるという習慣が生まれるが、柏の葉は新しい芽が出るまで古い葉が落ちない、つまり家系が絶えないという縁起かつぎから使われるようになった。

長野県では節句魚として鯖を食べ、木曽地方ではほうば巻きなどを食べる家が多い。

鯉のぼりも中国の黄河の上流にある「竜門」と呼ばれた激流の難所を鯉だけが登り切って竜になった「鯉の滝登り」の故事（『後漢書』）から生まれたもので、鯉は立身出世のシンボルとされ誕生したという。

長野県各地で鯉のぼりを立てている時期は新暦の5月5日までと旧暦の5月5日までの二つに分かれている。また、矢車を立てて吹き流し、真鯉、緋鯉と大きさの順に並べて揚げるのが一般的だが、川の両岸にワイヤーを渡し何十、何百の鯉のぼりを飾る地域もある。

どちらにしても青空を背景に水を張った田んぼに色鮮やかな鯉のぼりが映っている信州の光景は美しい。

青木村の水田を元気に泳ぐ鯉のぼり

5月中旬
（大町市）

北アルプス雪形まつり

信州の自然の美しさに感激する日

「北アルプス雪形まつり」は「いちばん山国信州らしいまつり」「自然の美しさが実感できるまつり」と言われる。

雪形とは日本アルプスなど標高の高い山の中腹に春になって残雪が解け出したときに出現する模様で、それが動物や人の形に見えることから模様のひとつひとつに名前が付けられている。

有名なものでは白馬岳の「代かき馬」、爺ヶ岳の「種まき爺さん」、五竜岳の「武田菱」、常念岳の「常念坊」などがある。中でも山岳雑誌などでもよく取り上げられ、日本一の雪形と称されるのが「代かき馬」で、5月の上旬から中旬にかけて麓の農家が田んぼの代かきを始めるころに白馬岳に姿をあらわす。

その形は代かきのための馬のように見えることから「代馬」（しろうま）と呼ばれ、それが「白馬」と書かれたことから「はくば」と音読みされて、現在の白馬の地名にまでなったという。

ところで自然が創り出す雪形を人々は「ポジ型」と「ネガ型」とに分けて見ている。「ポジ型」とは白い残雪そのものがひとつの形となっているもので、蝶ヶ岳の「蝶」などが有名。

「ネガ型」は残雪の中に雪の解けた黒い山肌が模様になっているもののことを言い、「代かき馬」「武田菱」「種まき爺さん」らがよく知られている。

こうした信州の春を告げる風物詩の雪形を見て回るツアーの「雪形ウォッチング」や、雪形の写真や版画の展覧会などを行うのが大町市の「北アルプス雪形まつり」だ。

自然の不思議さ、美しさを知ることで、そこにある風景が地域の財産になることを教えてくれるまつりでもある。

全国の雪形の写真を集めた展覧会

ウェストン祭

6月
第1日曜日
（松本市）

登山の楽しさを教えてくれた人に感謝する日

「日本の近代登山の父」と称されるイギリス人宣教師のウォルター・ウェストン。1888年（明治21）に初来日して以来、北アルプスなどの山々を登山して、日本に近代的な登山の意識をもたらした人物だ。

そして、彼は著書の『日本アルプスの登山と探検』で上高地の素晴らしさを世界に知らせるなど、上高地の恩人と呼ぶ登山家もいる。

その数々の功績を称えるとともに氏の77歳の喜寿を祝って、日本山岳会が1937年（昭和12）に上高地の梓川沿いの岩に埋め込むようにその肖像を彫り込んだレリーフを設置した。

戦時下ではレリーフが一時撤去されたこともあったが、最初にレリーフを設置してから10年後の1947年（昭和22）に復旧させ、これを記念して毎年6月の第1日曜日に開かれているのがウェストン祭である。

６月初旬の上高地は残雪が残る穂高連峰が青空に映え、新緑が美しいベストシーズンのひとつ。

主催は日本山岳会信濃支部で、前日には島々から徳本峠を越えるコースで記念山行が行われ、当日はレリーフの前で献花、黙とうなどの記念式典に続いて、地元の小学生などによる山の歌の合唱、有名な登山家による講演など、山を愛する多くの人がウェストンの功績を偲ぶ。

ウェストン祭で合唱を披露する子どもたち

上高地は標高約１５００メートルに位置し、中部山岳国立公園の一部であるとともに、国の特別名勝で特別天然記念物にも指定されている。

今では観光県としての長野県のシンボル的な存在となった上高地。その世界への最初の扉を開いたウェストンに感謝の気持ちをあらわす催しでもある。

7月7日

七夕

星に願いごとをする日

中国の牽牛星（彦星）と織女星（織姫）の伝説から生まれた星祭りと、日本の豊作を祈る祭りとが結びついたとの説がある行事で、五節句のひとつ。

7月7日の夜に天の川で彦星と織姫が年に一度出会えるかどうか気をもみながら空を見上げる人も少なくない。おそらく一年でいちばん夜空に関心が集まる日だろう。

全国各地の商店街などでは大きな笹飾りを何十本も掲げて観光客や地元の買い物客の集客の催事として活用し、幼稚園などでは願い事を書いた短冊を吊した笹竹が飾られる。

テレビやラジオからは童謡の「たなばたさま」の歌が流れることが多い。笹を使うのは笹は邪気を払い、虫除けの効果もあるとされてきたことから。

また、サトイモの葉に溜まった露で墨をすり、短冊に願い事を書くと字が上達するとも言い伝えられている。

このように古くから親しまれてきた七夕の行事だが、長野県の多くの地域同様松本でも月遅れの8月7日に七夕を祝う家庭が多く、その家に初めて子どもが生まれると、その子の成長を願い親族から七夕人形が贈られた。

七夕人形は紙や板で人の形を作り、そこに着物を着せたり折り紙のようなもので人形に仕立てる。中にはひな人形の内裏様のような形にして冠をかぶったり、髪飾りを付けているものもある。

短歌を書き込んだ七夕人形

桃の節句の流し雛のように人形に厄を移して清めてもらう意味があるという。

また、各地の伝承として「七夕の日にウリ畑に入ると良くないことが起こる」「七夕の日には七つの饅頭を食べて、七回水浴びをすると吉縁を得る」などと言われる。

数字の7にこだわるのは七夕の神様のご機嫌を損ねないようにとの思いからなのかもしれない。

岳の幟

7月15日にいちばん近い日曜日
（上田市・別所温泉）

雨の恵みを待ちわびる日

上田市の別所温泉で室町時代から５００年以上の長きにわたり伝えられてきたとされる雨乞いの祭り。

その由来は日照りに苦しんだ農民が地元の夫神岳《おがみだけ》に「どうか雨を降らせてください」とお願いをすると、すぐに雨が降り出して３日間続いたことからお礼に反物を供えたのが始まりだという。

祭りは当日の未明から地域の人たちが長い青竹と反物を持って夫神岳山頂に登り、水神でもある九頭竜神を祀った祠の前で夜が明けるのを待つ。日の出とともに神職による祈祷を受けたあと、青竹に赤や黄色、紺など色とりどりの１反分の反物をくくりつけた華やかな幟を数十本かざしながらの行列が山を下りる。

途中で太鼓、笛、獅子舞などの出迎えを受けながら練り歩き、別所温泉の別所神社にたどり着くまで祭りは続く。祭りの名称が「岳《たけ》の幟《のぼり》」というのは、夫神岳から運ばれてきた幟だからだ。

1997年（平成9）には国の選択無形民俗文化財に指定され、翌年の長野オリンピックの閉会式にも参加。その長い幟が龍のように揺れ動く姿と、カラフルな様が世界中で話題になった。

こうした祭りが長いあいだ続けられてきたのは、そもそも上田市の塩田平は雨乞いをしたくなるほど全国的に見ても雨が少なく、人々にとって雨降りが切実な願いであったからに他ならない。

ちなみに幟は岳の幟の起源となった雨乞いのときに、3日間にわたり雨が降り続いたことから3丈の長さの反物で作られている。1丈は約3メートルなので、3丈は約9メートルとかなり長い。こうした昔からの伝承を受け継いでいくことが地域の結びつきを強くするきっかけとなるのだろう。

竜に見立てた色とりどりの幟が練り歩く

7月22・23日（木曽町）

みこしまくり

勇壮さに圧倒される日

木曽町福島にある飛騨一ノ宮の分社であった水無神社の例大祭で行われる「みこしまくり」。神事を受けた白木の神輿《みこし》が町内を練り歩き、やがては落として、転がして壊してしまうという荒々しい祭り。

この地方では転がすことを「まくる」と言うことから「みこしまくり」と呼ばれるようになった。

初日はご神体が水無神社から神輿に移され、神社を出発した神輿は「猿田彦の神」に先導されて町内を練り歩く。賑やかなお囃子《はやし》が行列の志気を高め、神輿には「宗助と幸助」というご神体に縁のある人物が寄り添う。

このときお宮参りをすませた赤ん坊が神輿の下をくぐると丈夫に育つとの言い伝えから「宗助と幸助」らがくぐらせる「心願」と呼ぶ行事を行うが、そのときも神輿は大きく揺すられているので大変だがこれも立派な神事なのだという。

翌日も同じように町内を神輿が練り歩き、夕方になるといよいよ「まくり」が始まる。まずは神輿を横に転がす「横まくり」。そして「宗助」「幸助」の掛け声とともに縦にも横にも次々とまくられて神輿は徐々に壊れていく。

何しろ神輿の重さは約４００キロもあるので、前に大きく転がる「縦まくり」のときは地響きが鳴り、転がる寸前で神輿から飛び降りる男たちの汗が飛び散り、その迫力は見る者を圧倒する。

また、このときに壊れた神輿の木片を家に祀ると災難避けになるとされるため、見物人が競って奪い合う光景も見られる。

荒々しく神輿を転がす「みこしまくり」

翌日の未明までまくり続けられた神輿はかつぎ棒だけになって神社に奉納されて祭りは終焉を迎える。まさに「天下の奇祭」の名にふさわしい祭りである。

8月上旬
（飯田市）

いいだ人形劇フェスタ

人形と人が織りなす文化に触れる日

1979年（昭和54）に前身の「人形劇カーニバル」としてスタートした「いいだ人形劇フェスタ」。40年にも及ぶ歴史の中で、日本屈指の人形劇のイベントに成長し、全国に知られるようになった。

ではなぜ飯田で人形劇なのか。それは飯田は江戸時代に京の都と江戸の中間にあり、上方の文化と江戸の文化が行き交う土地柄であったことから、東西の芸能文化が根付いたことに始まる。

とくに元禄年間から300年もの歴史を誇る人形浄瑠璃の黒田人形、今田人形、竹田人形などの人形芝居が脈々と続けられてきた伝統が現在の「いいだ人形劇フェスタ」に結びついているのだろう。

そして、年数を重ねるごとに、はじめは人形劇を見るだけだった人が、自分でも演じてみたい、演じるのは無理でもこのフェスタを支えるスタッフになりたいと思うような楽しい雰囲気を主催者が提供し続けてきたことが大きい。

プロの劇団からアマチュアの劇団、学生の劇団、そして伝統的な人形芝居まで、国内外から参加する人形劇団は150以上にのぼり、さらにはパントマイムや腹話術など、さまざまな形式の劇を上演するフェスタには期間中に4万人以上の来場者があり、飯田市の観光に欠かせない存在となっている。

全体で500以上のステージの多くが劇場ではなく公民館や集会場などで無料で行われており、市民と人形劇団がひとつになって「飯田は人形劇のまち」であることを伝えてきた。

さらには体験型のワークショップ、人形を持って歩くパレードなど、いつでもどこでも参加できることがこのフェスタの魅力といえるだろう。

インドの劇団による糸操り人形を見つめる子どもたち

8月15日
（諏訪市）

諏訪湖祭湖上花火大会

夜空に咲いた花をみんなで見る日

長野県でいちばん大きい湖の諏訪湖で、毎年8月15日に行われる花火大会。お盆休みの観光シーズンであり、こどもの夏休みの時期から約50万人もの見物客が訪れる。

打ち上げられる花火の総数は約４万発で日本一と言われている。

見どころは全国の花火師が参加して打ち上げる早打ち競技と、水上で円形の花火の上半分が開く水上スターマイン。さらには湖上２キロにわたって花火が滝のように落ちるナイアガラなどだが、ひとつひとつの花火が色や形や大きさ、それに打ち上げられる高さなどが違い見ていて飽きることはない。

また、諏訪湖は周囲が山に囲まれているため、花火の音が山々にこだましていっそう臨場感を味わうことができる。

さらには同じものをこれほど大勢の人で眺める機会はほとんどなく、その一体感が魅力だという。

この諏訪湖の花火大会の始まりは戦後間もない1949年（昭和24）で、当初は「納涼諏訪湖花火大会」として開催された。翌年に長さ200メートルのナイヤガラの演出がほどこされ、1954年（昭和29）には湖畔公園の沖合約250メートルのところに花火の打ち上げ場所として約5000平方メートル（2008年に拡張）の面積の初島が人工的に建設された。

諏訪湖は水深が平均約4・7メートルと浅く、花火の打ち上げに適していることと、湖岸が湾曲しているので大勢の見物客が見込めることからその規模は年々拡大し、今では諏訪湖周辺だけでなく長野県全体の観光資源となっている。

また、9月上旬には若手の花火師による「全国新作花火競技大会」も開かれ、約1万8000発打ち上げられる花火に約30万人の見物客が酔いしれる。

諏訪湖の夜空を彩る花火

信州の奇祭・榊祭り

8月15日（佐久市）

火の滝に心揺さぶられる日

「榊《さかき》祭り」という名前の祭りは全国各地で行われている。その語源が神と人との境を意味する「境木」（さかき）からきているとの説があることからもわかるように、榊が神様を迎える「依代《よりしろ》」となる植物だからだ。そもそも「榊」という字も木へんに神と書く。

その数ある榊祭りの中でも佐久市望月に伝わる榊祭りは信州の奇祭と呼ばれるほど迫力に満ちた祭りである。

毎年、お盆の8月15日に行われ、数百人もの若者たちが手にした松明《たいまつ》の火の粉を振りまきながら山を駆け下り、鹿曲川に架かる望月橋の上から松明を投げ込む。

橋の欄干から赤々と燃え上がる何本もの松明がきれいな放物線を描いて川の中に消えていく。するとまた次の若者たちが松明を持ってやって来る。投げ入れられた松明はまるで火の滝のように見える。なんとも不思議な光景だ。

そのあとには、町内にサカキが少ないためサカキに見立てたコナラの枝に赤や青のさらしを巻いて飾り立てた大きな神輿《みこし》が何基も若者たちに担がれて練り歩き、ときには大きく揺さぶられ、ときには地面に叩きつけられ、ときには神輿同士で激しくぶつかり合う。

この日のために1年間エネルギーを蓄えてきたのではないかと思うほど、若者たちの心と体は熱い。そして何と言ってもこの榊祭りは間近で見ることができるので臨場感にあふれている。

松明の火と榊によってすべてを清め、五穀豊穣を願い、無病息災を祈る。そのシンプルにして潔い姿もこの祭りの大きな魅力なのだろう。

暗闇の中で揺れる炎、流れ落ちる炎、ぶつかり合う神輿。

過ぎていく夏の夜の光景を、しっかりと心に刻めとばかりに強烈な印象を与えてくれる野性的な祭りである。

橋の上から滝のように流れ落ちる松明の炎

9月9日

重陽の節句

長寿を祝い菊を愛でる日

五節句のひとつ「重陽《ちょうよう》の節句」。昔から中国では奇数を縁起の良い陽数としていた。その奇数の中でいちばん大きい数字の九が重なる日が重陽で、これ以上ないほどおめでたい日とされる。そこから邪気を払う菊の花を飾り、酒を飲み長寿を祝う習慣が生まれたという。

日本では平安時代に宮中の儀礼のひとつとして、杯に菊を浮かべた酒を酌み交わす宴（菊見の宴）が開かれ、江戸時代になると武家では五節句の中で最も大切な行事になり、菊の花を酒に浸して飲み、祝いの席が設けられた。

いずれにしても重陽の節句には長寿を祝うための菊と酒が用意され、このいちばん縁起の良い日を元気に迎えられたことを素直に喜んだのだろう。それほど一年を無事に過ごすことが大変な時代であったともいえる。

ところで長野県は都道府県別の平均寿命で男女とも日本一の長寿県だが、その理由は「野菜を食べる人が多いから」「話をするのが好きな人が多く、頭をよく使うから」「自然が豊かでストレスがたまらないから」「年を取っても農作業などで体を動かしているから」「お茶をたくさん飲むので風邪をひかないから」「子どもや孫など大勢で暮らしている家が多く、みんなで見守っているから病気になったときにすぐに病院に行けるから」など、いろいろな理由が上げられる。

どれも当てはまるのだろうが「長野県には酒蔵が多いから」「菊作りが盛んだから」というのはどうだろう。

「百薬の長」とも呼ばれる酒と「延命長寿」の菊の組み合わせが長野県民の長寿を支えているというのは言い過ぎか。

しかし、こうしたプラス思考が経済を元気にすることも忘れてはならない。

重陽の節句の風習にちなんで行われた「ひやおろし」の試飲会

9月26・27日（安曇野市・穂高神社）

御船祭り

安曇野の風物詩を楽しむ日

安曇野市の穂高神社で毎年9月26日と27日に行われる「御船祭り」。26日の神事に引き続き、27日に行われる祭りは、明るさと華やかさ、壮大さと激しさをも併せ持つ祭りとして多くの人の心を捉えている。

祭りは木で出来た車輪の着いた櫓を土台にして、その上に弾力性のある木で骨組みを作り、前方に張り出した部分を丸めて船の形にした「御船」と呼ばれる山車を引き回すもので、船の中ほどには「穂高人形」と呼ばれる大きな人形が飾られる。

船の姿形の美しさとともに、話題の歴史上の人物などをあらわした「穂高人形」も見どころのひとつ。

「御船」は毎年大小合わせて5艘作られるが、そのうち2艘が「大人船」で長さ12メートル、高さ6メートル。穂高神社の氏子である3地区でそれぞれ作られる「子供船」でも長さ8メートル、高さ5メートルになるほど大きい。この「御船」が田園地帯をゆっくりと巡航される風景は、秋の安曇野の風物詩ともなっている。

祭り最大の見どころは穂高神社の境内での2艘の「大人船」による衝突だ。「せいのー」の掛け声とともに船同士が正面からぶつかり合い、ぶつかっては離れ、離れてはぶつかる。

華やかな山車が激しくぶつかり合う御船祭り

ぶつかるたびに木で出来ている船はギシギシ、ミシミシと音を立ててゆがむが、作り方が上手なのか、やわらかい木材だからか、ほとんど壊れない。

そもそも海から離れている安曇野の祭りでなぜ船の形をした山車なのか。それは安曇野で暮らす人々の祖先が安曇族という海から内陸まで船で行き来をしていた海人《あま》族であったからだという。

穂高神社の「御船祭り」は長野県無形民俗文化財に指定され、毎年多くの地元の人、観光客で賑わいをみせている。

10月
第1日曜日
(南木曽町)

田立の花馬祭り

幸せを招く花馬に飛びつく日

南木曽町の五宮神社で五穀豊穣・安産祈願・家内安全など、さまざまな願い事の成就を感謝して3頭の木曽馬を使って行われる祭り。

先頭の馬には神が宿るとされるヒモロギを、真ん中の馬には豊作を表すキクを、そして後ろの馬には南宮神社の社紋の日月の幟《のぼり》を立てる。そしてその周囲に稲穂に見立てた五色の色紙で飾り付けた竹ひごを1年の日数と同じ365本差して馬を引き回すもので、馬が動くたびにその竹ひごの稲穂が揺れて、まるで花のように美しいことから花馬祭りと呼ばれている。

お昼過ぎに田立駅前を出発した行列は五宮神社の幟を先頭に、笛や太鼓の囃子《はやし》方《かた》が続き、最後尾に3頭の花馬を従えて五宮神社を目指して練り歩く。

神社に着き行列が境内を3周し終えると、人々がいっせいに馬に飛びついて差してある竹ひごの花を取り合うが、これは花を持ち帰り家の入り口に差すと疫病神を退散させられ、田んぼにさすと虫除けのお守りになると言い伝えられているからだ。とくにヒモロギを取るとこれからの一年を幸せに過ごせるとして、激しい取り合いになる。

１９９３年（平成５）には長野県の無形民俗文化財に指定され、その華やかさと人々に幸せを招くとの意味もあってか、１９９８年（平成10）の長野オリンピックの閉会式の芸術プログラムに登場した。

背中いっぱいに花のような飾りを付けた馬が練り歩く

五色の色紙がオリンピックカラーの青・黄・赤・緑・黒に通じるのかと思ったら、こちらの五色は青・黄・赤・白・黒で、緑の変わりに白が使われている。

この五色は順番に青空・実った五穀・太陽・澄んだ水・肥沃な大地を表しているのだという。馬が農耕と強く結びついていたことを実感するすてきな祭りである。

12月1日～（飯田市遠山郷）

遠山の霜月祭

厳しい冬の前に神様に出会う日

国の重要無形民俗文化財に指定されている「霜月祭」。その舞台は長野県の南部、西に伊那山脈、東に赤石山脈をかかえた細長いV字谷の峡谷に、いくつもの集落が点在する遠山郷である。現在は飯田市だが、２００５年（平成17）10月1日の編入合併までは下伊那郡上村、南信濃村の二つの村に分かれていた。

日照時間が短く、斜面が多いなどの厳しい生活環境の中、人々が育んできた素朴ながらも優雅で信心深い「霜月祭」は、平安時代に宮中で行われていた祭事が伝えられたといわれる。

その起源は旧暦の霜月のころは一年で最も太陽の光が弱く、人や動物、植物も生命力が衰えてしまうので、神様を招いてお湯をささげるとともに、自らもお湯を浴びて身を清め、命の再生を願う祭りなのだという。

神事は湯を煮えたぎらせた釜の周りを、神様や農民をあらわした面《おもて》をつけた人たちが舞い踊りながら素手で釜の湯を払う「湯立神楽」と呼ばれるもので、この祭りでは面の種類、舞い方、囃子方など、集落ごと地区ごとにいくつかの違いがある。

飯田市南信濃の木沢地区では3ヵ所4神社で「湯立神楽」が各集落ごとに行われるが、それぞれの神社で保存されている面が使われる。

中でも4人の踊り手による四面《よおもて》という面をつけた舞いは、その迫力から多くのカメラマンがシャッターチャンスを狙う。

12月1日から始まる祭りは、木沢、和田など9つの地区の10社を日にちを変えながら行われ、この祭りが終わると山深い遠山郷に本格的な冬が訪れる。

里人にとって厳しい冬の前に神様と出会う大切な、そして心豊かになる祭りがいつまでも続くことを願いたい。

煮えたぎる湯を素手で払う
「湯切り」を行う大天狗

祭りと年中行事

長野県の自治体は市が19、町が23、村が35の合計77もある。これは北海道に次いで全国で2番目に多い。

しかも、いわゆる平成の大合併前までは120市町村もあったのだから、それぞれの市町村、それぞれの地域、それぞれの集落、それぞれの神社仏閣ごとに祭りや年中行事が行われてきたとなるとその数は膨大だ。

その中でも新聞やテレビ、ラジオでよく取り上げられることの多い祭りには特徴的なことがある。それは季節感を取り入れた祭り、行事であること。

古くからその地域、その季節で行われてきたのにはそれなりの理由があり、とくに農耕を主体としてきた長野県では、五穀豊穣はもちろんのこと、その根幹となる雨が降って日照りにならないための願い、病虫害が発生しないことの願い、労働力が不足しないようにと健康への願いなどがその目的であった。

それは農耕が移りゆく季節とともに行われてきたことを物語っている。さて、あなたのところの祭り、年中行事はどんな目的で行われているか知っていますか？

第三章

長野県がよくわかる記念日

1月6日
（佐久市）

佐久鯉誕生の日

長寿の秘訣の鯉料理を味わう日

1746年（延享3）1月6日に伊勢神宮の福島神主へ篠澤佐吾衛門包道が、佐久鯉料理を献上したとされる。これが今では全国ブランドとなっている佐久鯉の最古の記録であることから、包道の子孫であり長野県佐久市の老舗旅館「佐久ホテル」の社長である篠澤明剛氏が制定。

◆

古くから佐久地方には鯉を食べる習慣が根付いていたとされ、どの時点で佐久鯉と呼べるものが誕生したかは定かではないが、少なくとも正式な料理として古文書に著され、年月日が特定できる点から記念日に認定されている。

それも地元の佐久で食べられたものではなく、遠く離れた地に運ばれたものだけに佐久鯉を全国に知らしめた功績は大きいといえるだろう。

ところで佐久鯉と聞いて多くの年配の人が橋幸夫が歌った「佐久の鯉太郎」を思い出すのではないか。1967年（昭和42）に佐伯孝夫の作詞、吉田正の作曲で発表されたこの股旅歌謡は、歌い出しが「信州佐久の鯉太郎」なので佐久は鯉の名産地のイメージを強く印象づけている。

旨煮、鯉こく、あらいなど佐久鯉尽くし料理

鯉はその類まれな生命力と、その高い栄養価から「薬用魚」「療養魚」「天寿魚」などといわれるほどで、精がつくとか産後に乳の出が良くなる、目によいとの民間伝承もあり、現在ではさまざまな効能をもとに副作用の心配が少ない薬膳料理の食材としても使われることが多い。

佐久市内には佐久鯉を提供する料理屋、旅館が何軒もあり、佐久養殖漁業協同組合では佐久鯉を地域団体商標登録してそのブランド化を進めている。

ちなみに佐久養殖漁業協同組合も加盟する全国養鯉振興協議会では5月1日を「鯉の日」としている。

1月17日〜2月3日
〈この間の丑の日〉
（岡谷市）

寒の土用丑の日

脂がのった冬のうなぎを食べる日

天竜川の源となる諏訪湖のほとりにあり、うなぎの収穫量、消費量の多い長野県岡谷市。そのうなぎ店などで結成された「うなぎのまち岡谷の会」が制定。夏の土用丑の日のように寒の土用丑の日にもうなぎを食べる新しい食文化を築こうと始められたもので、最初は「岡谷・寒の土用丑の日」と称していたが、今や全国で行われるようになり「寒の土用丑の日」として定着している。

◆

土用丑の日といえば夏の暑い盛りに夏バテ防止にうなぎを食べる日というのが一般的。しかし、土用というのは夏だけでなく、立夏・立秋・立冬・立春の前の約18日間のことを指すので、その中にある暦の上の丑の日も土用丑の日と呼ばれる。

つまり夏以外でも土用丑の日は存在するわけで「うなぎのまち岡谷の会」ではそこに目

を付けた。寒の土用丑の日は1月17日から2月3日の間にあり、年によって日が変わる。「夏よりも冬のうなぎのほうが脂がのっていておいしい」「アツアツのご飯にうなぎの蒲焼きはよく合う」「熱燗の日本酒にうなぎは最高の肴」などの声もあり、うなぎの消費拡大と古くから地域に愛されてきた食文化を守ろうと「寒の土用丑の日」は2001年1月に制定された。冬にもうなぎを食べる特別な日が出来たことで、学校給食に出されたり、冬のイベントで販売されるなどして、うなぎだけでなく岡谷市の知名度も文字どおりうなぎのぼりに。

諏訪湖の釜口水門に建つ「寒の土用丑の日発祥の地」の碑

そもそも岡谷のうなぎは開き方は関東流の背開きで、焼き方は蒸さずに炭火でじっくり焼く関西風。つまり外はパリパリで中はふっくらとしているところに甘くて濃いたれをかけて食べるので、何度でも食べたくなる後引きうなぎだという。

白馬そばの日

2月8日／2月9日／2月10日
（白馬村）

そば粉で作るガレットを食べる日

冷涼な気候と清流から風味豊かなそばが収穫される長野県白馬村。その白馬商工会が、地域の魅力ある資源を国内外にPRする機会にと制定。日付は秋に収穫された新そばが厳冬期（2月頃）に熟成され、香りと甘みのバランスがとれた美味しい「寒そば」となることと、1998年の2月8日に長野オリンピックのアルペンスキー、クロスカントリー、ジャンプ競技が白馬村で始まったこと、白馬の8（ハ）9（ク）8（バ）の語呂合わせ、それにご当地食「白馬ガレット」のガレットのト（10）から、2月の8日、9日、10日の3日間とした。

◆

そばの産地として長野県内でも一目置かれている白馬村。近くの山々から湧き出る清流と、寒暖の差が大きい気候により、甘みが強く、香り高くおいしいそばが収穫され、そば愛好家たちをうならせる。白馬商工会は「はくば蕎麦」と名付けている。

普通そばと聞けば「そばきり」、つまり製麺されたそばをそばつゆでいただく「ざるそば」などを思い浮かべるが「はくば蕎麦」はそばきりだけではない。

そのさまざまなそば料理の中で一番人気なのが「白馬ガレット」。

野菜などを乗せたピザ風のガレット

ガレットとはフランスのブルターニュ地方で生まれた郷土料理で、そば粉で作った生地をうすくクレープのように焼き、そこに肉や魚など様々な食べ物を包んで食べる。

「白馬ガレット」は生地に「はくば蕎麦」を使用し、信州サーモンや白馬豚などの地元の食材でトッピングし、白馬クレーピエという白馬商工会認定のクレープ職人がガレットを焼く。

この3つのこだわり抜いた条件をクリアしたものだけが「白馬ガレット」の称号を得るのでまさに白馬でしか食べられない名物である。

2月16日
(茅野市)

寒天の日

日本発の健康食品の寒天を食べる日

日本一の寒天の産地、長野県茅野市の茅野商工会議所と、長野県寒天水産加工業協同組合が制定。日付は2005年2月16日にテレビの全国放送で寒天が健康食品として紹介され、その後の大ブームにつながったことと、天然製造の寒天はこの時期が最盛期となることなどから。

◆

世の中はいつもダイエットに関心が高い。そのときどきに人気のダイエット方法が登場するが、その多くは一過性のブームに終わってしまいほとんど長く続くことはない。

しかし、寒天を使ったダイエットはいつまでたってもその人気が衰えない。それは寒天が単なるカロリーが低いダイエット食品というだけでなく、80%以上が繊維質という特徴から血糖値やコレステロールを下げるのに有効な健康食品として多くの人に知られているからだろう。

もちろん、味がなく臭いもないのでいろいろな味を加えることで、おかずからデザートまでさまざまな料理に使いやすく、食べやすいことも大きな魅力だ。

そんな寒天は世界に誇る日本独自の発明品。その中でも茅野市は信州寒天の発祥の地であり、１７０年以上も前の１８４１年（天保12）から製造されてきた。

冬は気温が低く晴れの日が続くことから寒天を乾燥させるのに適した気象条件で、豊富な地下水は不純物が少なく、農閑期の副業として寒天作りをする農家が多かったのがその主な理由。

茅野駅前に建つ「寒天の里」のモニュメント

そこで茅野商工会議所では記念日の制定を契機に「寒天の里」の商標登録を行い、長野県寒天水産加工業協同組合はＪＲ茅野駅前に高さ２・５メートルのガラス製の３本の長い角寒天の形をしたモニュメントを建てるなどしてＰＲを行っている。

2月23日
(富士見町)

富士見の日

富士山がきれいに見える富士見町に行く日

長野県富士見町の富士見町観光協会が制定。日本の象徴「富士山」を望めることから名付けられた富士見町が、より地域に愛される町名となるようにとの願いが込められている。日付は2と23で「富士見」と読む語呂合わせから。

◆

富士山は日本を代表する山として古来より霊峰として崇められてきた。2013年にはユネスコの世界文化遺産に「富士山―信仰の対象と芸術の源泉」として登録され、世界的にもその名を響かせている。

富士見町は文字通り富士山を望める町として、1874年(明治7)に前身の富士見村が誕生したことに始まり、1955年(昭和30)に周囲にあった4つの村、富士見村、本郷村、境村、落合村が合併して誕生した。

いずれの村からも富士山が見えることから富士見町という名称に決定したのだが、国土交通省の「関東の富士見百景」には創造の森彫刻公園、立沢大規模水田地帯、葛窪中央道トンネルという町の中の３つの地点が選定され、富士山が見えるだけでなくその映り方もすばらしいことが証明されている。

町の至るところから望める富士山

町では２０１３年（平成25）よりこの美しい富士山や八ケ岳を撮影してもらおうと「富士見の日フォトコンテスト」を行っているほか、県内はもとより県外からの移住者を増やそうとさまざまな支援を行い、一年中富士山が見える町としてアピールしている。

居住地域は標高が７００メートルから１２００メートル。富士見町に住めば四季折々、日々刻々と姿を変える富士山の魅力を満喫できるに違いない。

ちなみに町内にある富士見高校は、日本一標高の高いところにある高校として知られている。

3月1日
（栄村）

未来郵便の日

絵手紙の村のすてきな企画に笑顔になる日

未来に向けて発信し、5年後、10年後の指定した日に届く未来郵便制度を発足させた長野県下水内郡栄村の栄村国際絵手紙タイムカプセル館と、その運営を手がける絵手紙株式会社が制定。日付は3と1で「みらい」と読む語呂合わせから。「未来に届ける大切なメッセージ」という公募展などを開催。

◆

今の自分が未来の自分に向けて絵手紙や手紙を書く。未来の自分はどんなところで、どんな暮らしをしているのだろうかと想いを馳せながら。また、今10歳の娘や息子に10年後の「二十歳の君へ」とメッセージを届ける。そんな夢のある企画が長野県でいちばん北にある人口2000人の小さな村で行われているのは、この村が「絵手紙の村」として全国的に有名だからだ。

ではなぜ栄村が「絵手紙の村」と呼ばれるようになったのか。それは1995年（平成7）に小学校入学のときから毎日絵手紙を描き続けてきた山路智恵さんの絵手紙展が村で開かれたことがきっかけだった。

翌年には全国に呼びかけて絵手紙の公募展「小ちゃなしあわせ展」を開催。さらには長野オリンピックの文化プログラムとして「絵手紙世界展」を開くなどの活動が続けられてきたことによる。

栄村国際絵手紙タイムカプセル館には世界中の絵手紙が収められている

2007年（平成19）には栄村国際絵手紙タイムカプセル館と山路智恵絵手紙美術館が開館。世界中の絵手紙が飾られ、多くの絵手紙愛好家が訪れるようになった。

小さなハガキに、季節のことや自分の気持ち、身近にあるものを描き、短い文章を添えた絵手紙は心の贈り物と言われるほど受け取ったときにどこか懐かしく優しい気持ちになる。

3月9日
（佐久市）

佐久の日・ケーキ記念日

日本三大ケーキのまちのケーキを食べる日

日本三大ケーキのまちのひとつとして知られる長野県佐久市。そのケーキ店などで結成された「信州佐久ケーキ職人の会」が制定。佐久市のケーキの美味しさを多くの人に知ってもらうのが目的。日付は3と9で「佐久」とともに、日頃の感謝を込めて「サンキュー」と読む語呂合わせから。

◆

「日本三大ケーキのまちの他のふたつはどこですか？」と佐久市の観光協会やケーキ店にはよく問い合わせがあるという。正解は日本の洋菓子発祥の地と言われる兵庫県の神戸市と、ケーキ好きの女性が多く、国内の個性的な店をはじめとして、海外の名店も出店している東京の自由が丘。

この二大ブランドの地に肩を並べるほど佐久のケーキが美味しいのはなぜなのか。それはケーキづくりに適している冷涼な気候と、くだものや乳製品など新鮮な材料がすぐに手に入る環境、そして有名店などで修行してから地元で出店したオーナーパティシェの技術力の高さ。さらには地域のケーキ店が集まって会を結成し、お互いの技術を磨き合うケーキづくりに対する情熱も忘れてはならない。

おいしさ競う佐久のケーキ

また、全国に向けて食べてみたいケーキの絵を募集して、入賞者にはその絵と同じケーキを作ってプレゼントする「夢ケーキデザイン大賞」というイベントも開き、ホテルや結婚式場へのデザートとしての提供、観光バスのコースに組み込んでもらうなどの新しい企画も地道に行ってきた。

ケーキは全国どこにでもある食べ物。それを全国レベルに売り出していくにはクォリティーの高さはもちろんのこと、多くの人に楽しんでもらえるアイデアが大切。バースデーケーキなど記念日と相性の良いケーキが佐久から生まれている。

4月4日（飯田市）

猪肉の日

イのいちばんの美味しさを味わう日

長野県飯田市南信濃の「遠山郷」と呼ばれる地で、猪肉・鹿肉・熊肉などさまざまなジビエの肉などを扱う有限会社肉のスズキヤが制定。昔から「イのいちばん」と呼ばれるほど美味しい猪肉は、疲れを取り、体内の活性化にも役立つとされる。野生食肉のシンボルとしてその歴史や文化を大切にしながら、多くの人に猪肉を味わってもらうのが目的。記念日名は「ししにくの日」と読み、日付は4と4で「シシ」の語呂合わせから。

◆

ジビエとは狩猟によって捕らえた野生の鳥獣肉のこと。イノシシやシカなどの肉がその代表である。

そもそもジビエ（gibier）はフランス語で、昔から貴族の晩餐として人気があったという。もちろん狩猟が上手くいかなければ手に入らないものであったため、高級食材とされてきた。

とくに長野県ではニホンジカの増加によって、森林や畑が食い荒らされるなどの被害が深刻化しており、個体数調整のためのニホンジカの捕獲が行われている。また、山国の信州ではイノシシを狩って鍋にしたり、熊や、キジなども捕獲して、山の肉としてジビエを食べる伝統的な食文化があった。

そうした歴史をふまえて県ではジビエを通して地域振興に役立てようと「信州ジビエ」のブランド化を目指している。

南アルプス山麓の遠山郷では昔からジビエを食べる習慣があり、中でもイノシシは「シシ肉を喰わぬうちに、うまいもの喰ったと言うな」と言われるほど美味しく、また、猪肉を食べると体が温まり元気が出るため「薬喰い」とも呼ばれたという。

野生の食肉は自然の恵み。信州の隠れた長寿の秘密のひとつとの説もある。

囲炉裏に猪鍋をかけて美味しくいただく

4月16日
（東御市）

ヴィラデスト・田園記念日

NAGANOのWINEを味わう日

『田園の快楽』などの著作で知られるエッセイスト、画家、農園主の玉村豊男氏が長野県東御市に「ヴィラデストワイナリー」の開設をしたことから制定。日付は開設日（2004年4月16日）から。

◆

ワインの発祥がいつの頃かは定かではない。ブドウの皮には酵母が付いているため、完熟して皮が破れたブドウの実がアルコール発酵してお酒の臭いがすることがあり、古代の人々はその香りからワインづくりのヒントを得たのではないかといわれている。つまりワインのおいしさはブドウで決まるというもっともな話。

日本では明治時代に政府の殖産興業政策の一環として、ブドウ栽培とワイン醸造が促進され、山梨県の甲府で日本初のブドウ酒共同醸造所が設けられた。これが日本のワイナリーの始まりとされる。

しかし、現在の日本のワイン用のブドウの生産量は長野県が日本一。良質なブドウが持つ力を存分に引き出すワイナリーも多く、国内外のワインコンクールで「ＮＡＧＡＮＯ　ＷＩＮＥ」が数々の賞に輝いている。

ヴィラデストガーデンファームアンドワイナリーの全景

日照時間が多く、降水量、湿度、地形など、ワイン用のブドウを栽培するのに適した自然環境に恵まれ、品質の高いブドウが採れることと、その土地ならではの個性的な味わいのワインをつくるワイナリーがあることがその要因だという。

また、県が栽培から醸造、販売、消費にわたる振興策として「信州ワインバレー構想」を策定し、ワイン産業を施策として推し進めていることも大きい。

玉村豊男氏の「ヴィラデストワイナリー」から発信された構想が、県全体へと大きな広がりを見せている。

4月27日（駒ヶ根市）

駒ヶ根ソースかつ丼の日

名物で地域を元気にする日

長野県駒ヶ根市の名物で、ご飯の上に千切りキャベツを敷き、その上に秘伝のソースをくぐらせたかつを乗せた丼「駒ヶ根ソースかつ丼」。その駒ヶ根ソースかつ丼の美味しさをより多くの人に味わってもらうことと駒ヶ根市のまちおこしを目的に、駒ヶ根市内の飲食店の有志で結成した駒ヶ根ソースかつ丼会が制定。日付は会が結成された１９９３年（平成５）４月27日から。

◆

ソースで味付けをする「ソースかつ丼」は東京都新宿区の早稲田界隈、岩手県一関市、福島県会津若松市、山梨県甲府市、福井県福井市など全国各地に存在する。

キャベツの有無、かつをソースに浸す、ソースをかつにかけるなど、地域によってその作り方に違いはあるものの、卵でとじた甘めの「かつ丼」と違い、キュッと引き締まった味わいが「ソースかつ丼」の特徴といえるだろう。

もっとも先に上げた地域では単に「かつ丼」と言うと「ソースかつ丼」を指す場合もあるので旅先の食堂で注文をするときは確認が必要だ。

ところで食べ物で地元をPRする試みの最たる催しがご当地グルメでまちおこしの祭典B－1グランプリである。全国各地のまちおこし団体が、ご当地グルメの提供をはじめとしてさまざまなパフォーマンスで、我が町をPRして来場者を楽しませるもので、2006年（平成18）に始まり、今や2日間で60万人を集める「日本最大級のまちおこしイベント」に急成長した。

そのB－1グランプリで駒ヶ根ソースかつ丼会は2007年に8位、翌年に5位と大健闘。そうそう、駒ヶ根市では「ソースかつ丼」と、かつはカツではなくひらがなで表すことも忘れずに。

給食にも登場する駒ヶ根ソースかつ丼

5月8日
（小海町）

ごはんパンの日

ごはんを練り込んだパンに感動する日

長野県小海町に本社を置く有限会社「高原のパンやさん」が制定。長野県産の小麦粉で作った天然酵母の生地に、浅科産のコシヒカリをふっくらと炊きあげたごはんを30％練り込み、おからや野沢菜などを具に包み込んでおやき風に焼き上げた同店の人気商品「ごはんパン」を多くの人に知ってもらうのが目的。日付は5と8で「ご（5）はんパ（8）ン」の語呂合わせから。また、ごはんとパンは母のイメージから母の日に近いこともその由来のひとつ。

◆

米離れが叫ばれて久しい。1965年（昭和40）に約110キロあった1人当たりの米の年間消費量が今や半分程度にまで減った。それに反比例して小麦粉の消費が伸びているわけだが、その自給率はわずか15％。多くを輸入に頼っている。

ひところ「米粉パン」が評判を呼んだ。小麦粉に米粉を混ぜて作るパンで、学校給食への導入も見られ、小麦粉高騰の折、米の消費拡大につながると期待された。

しかし米余りの状態であっても米粉の値段は高騰している小麦粉より高く、小麦粉だけで作るパンより割高で、もちもちした食感は好評だったが米の消費拡大にまでは及ばない。

コシヒカリを使って作った「ごはんパン」

そこでにわかに脚光を浴びるようになったのが、「高原のパンやさん」の人気商品名そのものの「ごはんパン」だ。炊いたごはんを使えば米を粉にする必要はない。

最近ではホームベーカリーの進化が目覚ましく、スイッチ一つで家庭でも気軽に焼き立てパンが味わえるようになり「ごはんパン」のメニューもあるというから、残りごはんがパンの材料として活躍できる道が開かれたとも言える。

米の消費拡大への近道になるかもしれない「ごはんパン」の今後に注目。

5月8日
（岡谷市）

童画の日

すてきな童画に親しむ日

童画の生みの親、武井武雄の出身地である長野県岡谷市のイルフ童画館が制定。日付は1925年（大正14）5月8日「武井武雄童画展」が開かれ、この時、童画という言葉が日本で初めて使われたことから。岡谷市ではイルフ童画館を中心に童画による児童文化、市民文化の発展を目指している。

◆

大人が子どもに向けて描いた絵が「童画」。これに対して子ども自身が描いた絵は「児童画」と呼ばれる。

かつては童話の添え物のようにしか扱われず、注目されることのなかったこの分野を芸術の域に引き上げたいと自ら「童画」という言葉を生み出したのが武井武雄。

武井は仲間6人とともに日本童画家協会を結成し、その発展と普及のために力を注ぎ、

「子どもの心にふれる絵」を目指して、童画、版画、『本の宝石』と呼ばれる刊本作品、さらにはトランプ、カルタなども手がけた。

ところで今では童画家と呼ばれる人たちはその領域を大きく広げている。それは絵本画家であり、イラストレーターであり、漫画家であり、アニメーターでありと、さまざまな職種が浮かぶ。

松川村にその名を冠した安曇野ちひろ美術館がある絵本作家のいわさきちひろ。漫画から絵本、挿絵も手がけた長新太。淡い色調の水彩画で知られる絵本作家の安野光雅。『アンパンマン』シリーズ、『やさしいライオン』『チリンのすず』などの作品で知られるやなせたかしなども童画家と呼べるのではないだろうか。

独創的な外観のイルフ童画館

武井武雄らが目指した「童画」の芸術。それは多くの子どもから大人までに愛される作品であったのだから。

5月12日（箕輪町）

箕輪町安全安心の日

命と財産を守る地方自治の姿を思う日

長野県上伊那郡箕輪町が２０１２年5月12日にＷＨＯ（世界保健機関）協働センターから安全安心なまちづくりを表すセーフコミュニティの国際認証を、国内で４番目、全国の町村及び長野県内の自治体で初めて取得したことから制定。記念日を通じてさらなる安全安心の理想郷を求め、セーフコミュニティ活動を推進していくことが目的。日付はセーフコミュニティの国際認証を受けた日から。

◆

セーフコミュニティとは１９７０年代にスウェーデンで始まった活動。事故などによるケガは偶然起きてしまうのではなく、予防することで回避できるという考え方から、それらの要因を消して未然に防いでいこうという取り組みで、それを地域や行政などの関係者が連携して安全の向上につなげていくコミュニティのことをいう。

安全安心の町を作るためのフォーラム

もちろんセーフコミュニティの国際認証を取得することも大事だが、5年ごとに再認証の手続きがあるのでいかに継続して活動できるかが問われる。

そのために箕輪町では「箕輪町安全安心の日」を制定することで、毎年訪れる記念日ごとに町の人々へ積極的にPRをして、より活動が日常的なものになりスムーズに行えるようにした。

もちろん5月12日の記念日当日だけでなく、交通安全やパトロール隊を組織して小学校の通学路を見守ったり、「町を明るくする運動」として夕方に各家庭や企業などに玄関灯を点灯してもらい、住宅街などの暗がりを少なくして犯罪を抑止する運動なども行っている。

ほかにも、健康づくりの推進なども町民の命と財産を守るという広い意味でのセーフコミュニティと考えて、その活動を実行していくという。安全安心がまちづくりの基本との考え方の広がりを期待したい。

5月15日
（中野市）

マイコファジストの日

きのこ好きな人をこう呼ぶ日

マイコファジストとはきのこを好んで食べる人（菌食主義者）のこと。長野県中野市に本拠を置く一般社団法人日本きのこマイスター協会が、きのこの魅力を語れる人材を育成し、きのこ産業の振興に役立て、多くの人にきのこを食べる食生活で健康になってもらうことを目的に制定。日付は２００９年の５月15日にマイコファジスト普及運動を提唱したことと、５と15を「Ｍａｙ（５月）イゴ（15日）」から「マイコ」と読んで。

◆

「マイコファジイ（Mycophagy）」という言葉がある。Myco（きのこ・菌）phagy（食べる）から「菌食性」と訳される。つまり、きのこ好きな人をマイコファジストと呼ぶ。きのこ以外でも納豆やヨーグルト、みそなど菌類の発酵作用を利用した加工食品を積極的に食べることを心がけている人のこともそう呼ぶので、納豆やみそ好きの人が多い長野県にはマイコファジストが大勢いるに違いない。

菜食主義者をベジタリアンと呼ぶように、きのこ好きをマイコファジストと呼んで欲しいと、日本きのこマイスター協会では呼びかけている。

食物繊維が豊富でビタミン、ミネラルも満載。低カロリーなのに栄養価は満点。その効能は便秘対策からコレステロールの排出、肥満症、肝機能、高血圧の改善、抗アレルギー作用から美肌効果まで多岐にわたるというきのこ。さらにはきのこに含まれる糖分のトレハロースが認知症の予防に有効であるという研究報告もあるという。こんな話を聞くとマイコファジストならずとも、きのこを食事に積極的に取り入れたくなる。

しかも長野県はきのこの生産量日本一を誇る県。きのこ栽培が盛んなことと県民が長寿であることから、「マイコファジスト県宣言」などしてみてはいかがだろうか。

きのこ料理をアピールするイベント

5月19日（小諸市）

小諸・山頭火の日

放浪の俳人、山頭火の旅を思う日

１９３６年（昭和11）の5月19日に俳人の種田山頭火が長野県小諸市の中棚荘（当時は中棚鉱泉）に投宿。その日の日記に「熱い湯に入れて酒が飲めるのがいい」と記載していることから中棚荘が制定。敷地内には山頭火の句碑も建てられている。

◆

種田山頭火は大正から昭和にかけて才能を開花させた放浪の俳人。口語自由律の独特な句風で知られる。

彼の人生は、幼い頃から苦難の連続であった。父の放蕩を苦にした母の自殺、神経衰弱から大学を中退、父の借金清算のために家屋敷を売り一念発起で始めた造り酒屋も経験のない素人仕事で軌道に乗らず破産、さらには弟の自殺などが重なり酒に逃げる日々。

泥酔状態で路面電車を止めたところを助けられ、寺に預けられたことから得度して曹洞宗の僧侶となり托鉢行脚の旅に生きた。

「山あれば山を観る　雨の日は雨を聴く　春夏秋冬　あしたもよろし　ゆうべもよろし」

有るものを有難く受け入れようとする何げない平易な言葉が胸を刺す。

1926年（昭和11）5月、山頭火は小淵沢から徒歩で小海まで行き、そこから汽車に乗って佐久の岩村田に着く。中棚荘に投宿したのはその旅でのことである。

小諸市の中棚荘にある山頭火の句碑

「こんなに蕎麦がうまい浅間のふもとにいる」と浅間山の雄大さと、その懐に抱かれたこの地のゆったりと平和な心地よさを詠んだ山頭火は、この時を含めて3度長野県を訪れているが、そのいずれもが4月、5月の新緑の頃。

「梅桜桃李一時開で、自然も人間も忙しい」と日記に書いた山頭火は、句だけでなく定形を外れたその人生の癒しを信州の豊かな春に求めていたのかもしれない。

5月25日（上田市）

別所線の日

上田駅から別所温泉駅までを旅する日

長野県上田市の上田駅と別所温泉駅を結ぶ上田電鉄の別所線。その存続を目的に結成された「別所線の将来を考える会」が制定。日付は別所線のシンボルとも言える丸窓電車の車輌ナンバー「モハ５２５０」の５２５から。電車内でのコンサートなど、さまざまなトレイン・パフォーマンスを行い、別所線の魅力を伝えていく日。

◆

別所線は上田駅から信州の鎌倉と呼ばれる塩田平を別所温泉駅まで走るローカル線。その11・６キロの間を15の駅で結ぶ。所要時間は約30分。田園風景の中をのんびりと走っていく。

丸窓電車とは戸袋が丸窓になっていたことからそう呼ばれた車輌のことで、１９２８年（昭和３）から１９８６年（昭和61）までの58年間、別所線を走り続けていた。親しみのある風情が鉄道ファンの心を捉えている車輌で、現在は別所温泉駅やさくら国際高等学校などでその外観を見ることができる。しかし、その別所線も近年は乗客の人数が減り続けており、何度も廃線の危機を迎えてきた。

そこで「別所線の将来を考える会」では市民ボランティアや上田電鉄と協力して別所線の利用者を増やすためにさまざまなＰＲイベントを開催。別所線存続支援キャラクター北条まどかを起用した広報活動や沿線を走ったり歩くラン&ウォークイベント。貸し切り列車に新郎新婦を乗せて走るブライダルトレインなど、ユニークなイベントで利用客を取り戻しつつある。２０１３年（平成25）には4年ぶりに輸送人員が年間１２０万人を突破。前年に引き続き２年連続で増加となった。

別所線と一緒に走るイベントの参加者

　ローカル線はその地域の歴史であり、文化であり、財産である。だからこそ走る続けることで人々を元気にできる存在なのだと思う。

5月26日
(野沢温泉村)

源泉かけ流し温泉の日

極上のお風呂に入る日

順徳天皇（1197年から1242年）の時代から「日本三御湯《みゆ》」のひとつに数えられた長野県の野沢温泉。その源泉をかけ流しで提供する旅館などで結成した野沢温泉源泉かけ流しの会が制定。源泉かけ流し全国温泉サミットの開催日に合わせて、科学的にも確認されているその泉質の良さをアピールする。日付は5と26で「極上（5）な風呂（26）」という語呂合わせにもなっている。

◆

順徳天皇の時代に皇室が選ぶ日本の名湯9か所のうち、別所温泉（信濃御湯）、秋保温泉（名取御湯）、野沢温泉（犬養御湯）の3ヵ所だけに「御湯」の称号が付けられたという。つまり野沢温泉は800年も前から魅力ある温泉地として知られていた名湯。

その後、江戸時代になってから飯山藩主の松平氏が別荘を建て、一般の人にも温泉を開放したことで庶民にも広く浸透し、日本有数の温泉地となる。
その野沢温泉には日帰り入浴が楽しめる外湯が13ヵ所ありその全てが源泉かけ流し。江戸時代から湯仲間という制度によって守られてきた外湯は、きちんと管理されていていつも清潔が保たれている。村の人と観光客が同じ浴槽に入り、野沢談義に花を咲かせることも珍しくない。

野沢温泉のシンボル「大湯」も源泉かけ流し

野沢温泉のシンボルとなっている大湯は温泉街の中ほどにあり、泉質は単純硫黄泉。胃腸病、リウマチ、婦人病などに効果的とのこと。

こうした源泉かけ流しだと湧き出した源泉の成分が損なわれていない状態で常に浴槽に湯が注がれるので、その効果も含めて鮮度の良い温泉を手軽に楽しむことが出来る。

極上な温泉の湯上がりに名産の野沢菜をつまみに地ビールの里武士や冷酒の水尾を味わえばまさに極上な時間となることだろう。

6月2日
（下諏訪町）

路地の日

懐かしい日々の豊かな時間を思う日

歴史と文化の町、長野県下諏訪町には、昔からの裏道や路地が多い。このかけがえのない路地を愛し、その風情を楽しみ、いつまでも残していこうと活動を続けている下諏訪の路地を歩く会が制定。日付は6と2で「路地」と読む語呂合わせから。

◆

表通りから横道に入った先に続く路地。引き戸の玄関に掲げられた木製の表札、軒先に吊された風鈴、いくつも置かれた鉢植えなど、人々の暮らしの息づかいが聞こえるような路地は、ときに駅への近道になり、井戸端会議の場所としても使われ、子どもたちの遊び場にもなる。

その路地をこよなく愛したひとりが俳優であり伝統芸能の研究家としても知られた小沢昭一氏。小沢氏はたびたび下諏訪町を訪れ、投宿先のみなとや旅館の主人で、下諏訪の路地を歩く会の会長の小口惣三郎氏と懇意になり、会の名誉顧問もつとめていた。

そして、下諏訪の路地の魅力を「夕顔やろじそれぞれの物がたり」と詠み、みなとや旅館にほど近い通称「くらみち」と呼ばれる路地に句碑を残している。

生前、小沢氏は路地について「表通りは実務の通り、仕事の通りですよ。それに対して裏通りは豊かな通り。路地を歩くことで少年時代を取り戻せる」と語っていたという。

路地、裏道、横丁には仕事の通りにはない懐かしい日々を甦らせてくれる豊かな時間がある。

下諏訪町は古くから甲州街道と中山道が合流する交通の要衝にあり、諏訪大社の秋宮と春宮の門前町、さらには下諏訪温泉をはじめとした観光地でもある。風情のある家々が建ち並び、いくつもの路地が残されてきた。こうした素朴だがかけがえのないものこそ地域の文化として大切にしなくてはならない。

風情のある蔵が建ち並ぶ路地

6月4日
（伊那市）

ローメン記念日

ここならではの味を堪能する日

長野県伊那市の伊那ローメンズクラブが、伊那名物のローメンを全国にアピールしようと制定。ローメンは羊の肉と蒸した固めの中華麵を独特のスープでキャベツ、キクラゲなどと共に煮込んだもので、焼きそば風とスープ風がある。日付はローメンは蒸した麵を使うところから6と4で「蒸し」の語呂合わせから。

◆

その地域で生まれ、その地域で愛されているどこにでもある食材を使い、その地域ならではにアレンジして生まれた食べ物をご当地グルメと呼ぶ。ご当地ラーメン、ご当地カレー、ご当地バーガー、ご当地焼きそば、ご当地どんぶり、ご当地ギョーザなど、何でもご当地グルメになってしまうが、伊那のローメンは果たしてご当地グルメと呼べるのかと疑問を呈する人もいる。

なぜならローメンはラーメン用のスープを入れて作ればラーメンに似ているが、スープを入れなければ焼きそば風になる麺類だからだ。また、マトンの独特な風味は他の麺類にはない味付けだし、そもそも〇〇ラーメンとか〇〇焼きそばではなく「ローメン」という特有の名前を持っている。つまり郷土料理でもなければご当地グルメでもない、まさに伊那発祥の新種の食べ物なのではないかというわけだ。

麺と具が独特の風味を醸し出しているローメン

そもそもローメンが誕生したのは伊那市で中華料理店を営んでいた伊藤和弌氏が生麺の保存方法として蒸すことを考案し、それに伊那の近くで飼育されていた羊の肉とキャベツを加えた麺類としてメニューに加えたのが始まりだという。

今では羊肉だけでなく豚肉や牛肉のローメンを出す店も増え、学校給食に使われたり、中華まんならぬローメンまんも登場するなど、しっかりと地域に愛される食べ物になっている。

6月13日
（佐久市）

はやぶさの日

遠い宇宙に物語を感じる日

2010年（平成22）6月13日、小惑星探査機「はやぶさ」は宇宙空間60億キロ、7年間の歳月をかけたミッションを成し遂げ、地球に感動的な帰還を果たした。この偉業から学んだ「あきらめない心」「努力する心」の大切さを伝えていこうと、宇宙航空研究開発機構（JAXA）宇宙科学研究所の施設に関係した4市2町（秋田県能代市・岩手県大船渡市〈2007年の施設移転後も継続〉・神奈川県相模原市・長野県佐久市・鹿児島県肝付町・北海道大樹町）で構成する「銀河連邦」（本部・神奈川県相模原市）が制定。

◆

数々のトラブルを乗り越え、小惑星からサンプルを持ち帰るという任務に世界で初めて成功した「はやぶさ」。その目的地のイトカワは1998年9月にアメリカのリンカーン研究所によって発見された小惑星で、仮の符号は1998 SF36。その後、日本のロケットの生みの親である故・糸川英夫博士にちなんでイトカワと命名される。

イトカワは最長部約535メートル、最短部約209メートルのソラマメを細くしたような形の小惑星だが、そこにたどり着いた「はやぶさ」からのデータを受信する役割を担ったのは佐久市にある臼田宇宙空間観測所の直径64メートルのパラボラアンテナであったことは誇らしい。

そして、地球に帰って来たのはサンプルの入ったカプセルであって「はやぶさ」の本体ではなかった。本体は大気圏突入前にカプセルを地球に向けて放った後、自身はそのすぐ後ろで流れ星のように輝きながら燃え尽き、静かにその役目を終えている。

当初は4年で帰還する計画が7年かかり、目標は小さな小さな小惑星、さらに本体は宇宙に消えていく。「はやぶさ」の帰還物語のすべてが美しいおとぎ話のように思えてくる。

7年の歳月を経て帰還した「はやぶさ」 イラスト提供・池下章裕

6月27日（長野市）

メディア・リテラシーの日

正しい情報とは何なのかを考える日

報道機関におけるコンプライアンスの基軸として、メディア・リテラシー活動に取り組んでいる長野県長野市に本社を置くテレビ信州が制定。日付はその活動の起点である「松本サリン事件」が発生した1994年6月27日から。メディア・リテラシーに関する番組の制作やシンポジウムを行う。

◆

この数年、耳にすることが多くなった「メディア・リテラシー」という言葉。

新聞、テレビ、ラジオなど、不特定多数に対して発信するメディアのさまざまな情報を、自分なりに理解してその情報が正しいものなのかどうかを見抜いて活用する能力のことである。

つまり、与えられた情報をただ鵜呑みにするのではなく、そこに含まれている問題点や矛盾点などを見極めて、情報を正しく利用することがメディア・リテラシー。

　メディアから投げかけられる情報には何かしらの偏りや誇張された意見、ときには嘘が含まれていることもあると知るだけでも、冷静な対応ができるようになる。

　この記念日が生まれた背景には松本サリン事件で、被害者でもある第一通報者を重要参考人として家宅捜索を行うなどの警察の一方的な取り調べ内容を、警察の発表のままに報じて無実の人を半ば犯人扱いしてしまった報道機関があったことに対して、同じ間違いをしてはいけないとの覚悟があるのだと思う。

　そして、それを証明するにはメディア側はひとつひとつの情報の精度を高めることが必要であり、また、受け手側もその情報の目的はどこにあるのか、どのような内容を伝えようとしているのかを考え、自ら判断する力を持ち、その真偽を見抜くことが大切である。

松本サリン事件 20 年の公開シンポジウム

7月10日
（長野市）

ブナピーの日

見た目もかわいいホワイトぶなしめじを食べる日

2002年のこの日、ブナシメジを品種改良したホワイトぶなしめじの「ブナピー」が、きのこのトップメーカーである長野県長野市に本社を置くホクト株式会社から発売されたことから同社が制定。「ブナピー」はその食感の良さとほのかな甘みで、サラダや和え物、炒め物、味噌汁、カレーなど、いろいろな料理に合うのできのこの苦手なこどもにも人気がある。

◆

きのこは身近な食材だ。スーパーマーケットには一年を通して何種類も並び、消費者は好み、あるいは献立にあった物を買い求めることができる。また、マツタケに代表されるような季節の味覚として珍重されるものも人気が高い。

その中でもブナピーはブナシメジを品種改良したホワイトぶなしめじで、比較的新しい品種だが、見た目がいかにも丸くて白くて群生していて、きのこらしさにあふれている。

商品キャラクターも「ブナピー」という名前の色白の女の子で、趣味はポエムを書くことだとか。

ところで長野県がきのこの生産量日本一なのはよく知られているが、じつはその美味しく食べる方法を県やホクト株式会社のホームページでも見ることができる。

食感の良さとほのかな甘みが特徴のブナピー

例えば生のきのこを料理に使うときには水から煮出すときのこの旨味の成分が出やすく美味しくなる。また、電子レンジで調理するのにも向いていて、加熱したときに出る汁には栄養がたっぷりと含まれているという。

こうした新しい商品の開発とそれを活かす調理方法、そして、美味しいきのこ料理のレシピを生み出すことが、さらなる「きのこ王国」の発展につながるのではないか。

7月第3月曜日〈海の日〉(小海町)

マドレーヌの日

海の日に貝の形のケーキを食べる日

長野県小海町に本社を置く有限会社「高原のパンやさん」が制定。小海町の町名にちなみ、貝の形をした日本一大きなマドレーヌ「小海の玉手箱」を製造販売している同店の、海の日に家族でこのマドレーヌを食べて、健康で笑顔になってもらいたいとの願いが込められている。

◆

なぜこのケーキに「マドレーヌ」の名前が付けられたのかについてはさまざまな説がある。その中でもいちばん有力なのが美食家として歴史に名を残すポーランド・リトアニア共和国のスタニラス・レクチンスキー国王が、ルイ15世のもとに嫁いだ娘のために自らの召使いであったマドレーヌ・ポルミエに作らせたというもの。

それは愛人に心を奪われた夫の愛をつなぎ止めようと心を砕く娘をなぐさめるために贈

るためのものだったのだが、マドレーヌは厨房にあったホタテ貝を焼き型にして、祖母から教えられた素朴なケーキを焼いたという。

国王はその美味しさにとても喜んで、ケーキの名前をマドレーヌとすることを許したとか。そういえばマドレーヌの貝の形はどこか涙の粒の形に似ている。

こどもの顔ほども大きいマドレーヌ

娘の涙が悲しみの涙から喜びの涙に変わることを願う父からのプレゼントにはふさわしいものだったのかもしれない。

型に生地を流し入れ、あとは焼くだけの飾り気のないお菓子だからこそ、この形が生きて存在感を際立たせているマドレーヌ。

海の日に海から遠く離れた小海町でホタテ貝の形をしたマドレーヌを食べるとき、そんな遠い異国のケーキにまつわる物語を思い出してみてはどうだろう。

もちろんおいしいケーキなので笑顔いっぱいで。

7月第4日曜日（長野県）

信州 山の日

信州の山の恵みに感謝する日

長野県が２０１４年（平成26）を第１回に、県民共通の財産であり、貴重な資源である「山」に感謝し、「山の恵み」を将来にわたり持続的に享受していくために制定。日付は登山をはじめとするさまざまな野外活動が可能で天候が安定する時期であり、こどもたちが参加しやすい夏休みに入る７月第４日曜日としている。

◆

たしかに長野県は山国と呼ぶにふさわしいほど山がたくさんある。国土地理院発行の２万５千分の１の地形図に記載されている長野県の山の数は８６６山で、北海道、新潟県、岩手県に次いで全国で４番目に多い。上位の３道県はいずれも海に面しているが長野県は内陸県なので正真正銘な「山国」と言えるだろう。

また、全国に23座ある３０００メートル峰のうち15座が長野県を含むところにあり、山小屋の数も173軒と全国1位。さらにはスキー場の数が全国2位で、自然公園と森林の面積が全国3位となればもう誰も異論を挟む余地がない。

それだけに長野県はこの記念日で示している山の定義として、3000メートル級の山岳、高い山から身近な里山までの全てを対象とした。

「信州 山の日」制定記念イベント

そして、「山の日」を契機として山の恵みを活かすために「親しむ・学ぶ・守る」の視点からさまざまな取り組みを行うという。

また、長野県は南北に長く地域によって標高差も大きいことから7月の第4日曜日1日だけでなく、7月15日から8月14日までの1ヵ月間を「信州 山の月間」とした。

ただ、2016年からは国民の祝日として8月11日が「山の日」に制定されることから、長野県独自の「信州 山の日」をいかに魅力的なものにするかが課題だ。

8月4日
（長野県）

信州・橋の日

人と人、地域と地域を結ぶ橋に想いを寄せる日

長野県内に架かる橋とその風景について考え、観光資源としての活用や景観保護を目的に写真家や大学教授などで設立した「信州・橋の日」推進協議会が制定。県内各地の橋の見学やシンポジウムなどを行う。日付は8と4で「橋」と読む語呂合わせから。

◆

全国に橋の数はどのくらいあるのだろうか。一説によると長さ15メートル以上の橋は13万ヵ所以上あり、それ未満のものは200万ヵ所はあるという。

都道府県別では15メートル以上の橋がいちばん多いのは北海道で、2位が兵庫県、長野県は第3位で、約4500ヵ所にものぼる。山が多く川も多い長野県に橋が多いのは当然のことだろう。

長野県の橋でいちばん有名なのが松本市上高地の梓川に架かる長さ約37メートルの木製

の吊り橋の河童橋。橋の上からは上流に穂高連峰が望め、下流には焼岳の姿を見ることができる。

また、塩尻市奈良井の奈良井川に架かる長さ約33メートルの木曽の大橋は美しい総檜造りの太鼓橋で、橋脚を持たない橋としては日本有数の大きさとして知られている。

木曽川に架かる桃介橋

また、南木曽町にある桃介橋は1922年（大正11）に完成した橋で全長247メートル。建設当時の土木技術の粋を集めて作られ、国の重要文化財に指定されている歴史的な橋だ。

橋にはさまざまな用途があるが、長野県では町と町、村と村、集落と集落など、地域と人を結ぶ日々の暮らしにかけがえのない橋が多い。

たとえ1日に1人しか渡らない橋であっても、その橋には歴史があり、さまざまな機能があり、そして命をつなぐ役目があることを忘れてはならないだろう。

8月5日
(長野市)

発酵の日

食生活に発酵食品を取り入れる日

長野県長野市に本社を置き、「日本のあたたかさ、未来へ。」をコーポレート・アイデンティティとする日本を代表する味噌を主体とする食品メーカーのマルコメ株式会社が制定。日本の古くからの食文化である味噌、醤油などの発酵させた食品の良さをさらに広めるのが目的。日付は8と5で「発酵」と読む語呂合わせから。

◆

発酵食品は多岐にわたる。味噌、醤油はもちろん、日本酒やビール、ワインといった酒類から、納豆、漬物、ヨーグルトにチーズ、紅茶から鰹節まで、毎日の生活に発酵食品は欠かせない。

これらの食品はそれぞれ特有の菌の働きで作られており、たとえばヨーグルトなら乳酸菌、納豆なら納豆菌、鰹節は鰹節菌といった具合。そして味噌や醤油は麹菌の働きによって作られる。

発酵食品が身体に良いことはよく知られているが、それは発酵によって食品が消化吸収しやすくなる点。そして、消化吸収を助ける酵素や善玉菌が元の食品より増え、発酵前には含まれていなかった栄養素が作られるという点にあるのだという。

たとえば味噌では発酵前の大豆には少ないアミノ酸やビタミン類が多量に生成され、栄養価はより優れたものになる。

味噌を摂取することで免疫力が上がり、腸内環境が整って新陳代謝が活発になり、血流が改善されて身体が若返るともいわれる。

健康に良い発酵食品を日々の生活に積極的に取り入れたいものだが、まずは一杯の味噌汁からはじめてみてはどうだろうか。

それも野菜の具をたくさん入れた味噌汁なら減塩にもなり、血圧が気になる人にも飲みやすいに違いない。

味噌汁を飲むマルコメくん

8月8日（伊那市）

夢ケーキの日

平和のシンボルのケーキに夢を託す日

家族で夢を語り合い、親が本気で生きる姿を子どもたちに見せることで世の中が明るくなるとの思いから、家族で夢を語るチャンスを提供したいと長野県伊那市のケーキ店株式会社菓匠Ｓｈｉｍｉｚｕの清水慎一氏が制定。毎年この日に子どもたちや家族の夢を絵にしてもらい、それをケーキにしてプレゼントしている。

◆

例えばいつもと同じ普通の日であっても、食卓のテーブルの上にホールケーキがドンと載っていたら、その日はもうそれだけで特別な日になる。ケーキにはそれだけの力がある。誕生日や家族の記念日を彩ってきたのはいつもケーキだったから、笑顔や満足感、幸福感といった感情がそこに詰まっているからだろう。

真っ白なクリームに真っ赤な苺のコントラスト、甘いクリームに甘酸っぱい味が絶妙なバランスの「ショートケーキ」は日本生まれ。

男女を問わずどの世代にも人気が高い「シュークリーム」は、一口サイズのものから皮の焼き上げ具合、中に詰めるクリームに至るまで本家フランスより豊富。

「モンブラン」は山の名前ではなく、お菓子の名前として認識している人も少なくない。

教わりながら自分でケーキを手作り

これが日本における三大ケーキ。この三種類をショーケースに並べていないケーキ屋に入るとちょっと悲しいと言う人もいるほど、時代を超えて愛されている定番中の定番である。
戦時中、いちばん最初に生活から遠ざけられるものは嗜好品だという。中でもケーキはその最たるもので、つまりケーキのある生活とは平和である証拠なのだ。
そんなことを考えながら今の日本を思うと、いつまでも街中にケーキがあふれる国であってほしいと願わずにはいられない。ケーキが食卓にあること。それはそこにみんなの笑顔があることなのだから。

9月8日（長野市）

クータ・バインディングの日

閉じない製本の便利さを実感する日

手で押さえなくても閉じない製本のユニバーサルデザイン「クータ・バインディング」。この製法を開発した長野県長野市に本社を置く株式会社渋谷文泉閣がその普及を目的に制定。「クータ・バインディング」は開いたページをほぼ平行に保つことができるため、教科書や説明書など幅広い用途に使える製本の方法として注目を集めている。日付は読書シーズンの秋と、9と8で「クータ」と「バインディング」の頭文字の語呂合わせから。

◆

参考書を使って勉強しているとき、説明書を見ながら作業しているとき、本が閉じてしまいイライラしたことは誰でも一度や二度はあることだろう。

手を使わずに本を閉じなくするグッズには洗濯ばさみのようなクリップでページの端を挟むもの、譜面台のように本全体を支えてページを固定するものなどがあるが、どのグッズも基本的には本を強制的に開いた状態にするものなので、本を傷めてしまうこともある。

クータ・バインディングによって製本された本には手で押さえる必要も、そういったグッズを使う必要もない。クータと呼ばれる紙の筒を本の背の部分にとりつけ、その上から表紙を接着することで、本を開いたときに背表紙と本体の間に空間が作られ、本が開いたままの状態を維持することができるからだ。

また、本の背が割れてページが抜け落ちることもない。

もともとクータ・バインディングは株式会社渋谷文泉閣の3代目、取締役である渋谷一男氏が、手の不自由な友人からの手で押さえなくても閉じない本が欲しいとの願いにこたえて試行錯誤を重ねながら開発したもの。

製本のユニバーサルデザインとして地図帳、レシピ本、写真集、カタログ、マニュアルなどのさまざまな分野から注目を集めている。

手で押さえなくても閉じない製本技術

9月30日（小海町）

奥様の日

感謝の気持ちでバラをプレゼントする日

長野県小海町でメモリアルホールみつわ、花工房みつわなどを営む株式会社みつわが制定。長野県は女性の就業率が全国的にも高く、中でも川上村、南牧村は長野県内1、2を争うほど農業に従事する「働く奥様」が多いことから、働く奥様に日頃の感謝の気持ちを込めて花を贈る日としたもの。日付は9月を09、30日を30とした「0930」を「奥様（0930）」と読む語呂合わせから。

◆

国語事典には奥様とは「他人の妻を敬っていう言葉」と書かれている。

本来は「奥」の字からもわかるように入り口から遠くの場所にいる人のことで、奥にいるのは身分の高い人の妻を意味したことから、その敬称として奥様と呼ばれるようになったという。

はじめは公家や大名の妻の敬称だったものが、やがて武家や豪商の家でも使われるようになり、今では一般的な呼び方として定着している。

そんな奥様にとっては他人から敬われることも嬉しいだろうけれど、やっぱり夫からの労いの言葉、感謝の気持ちとプレゼントが何よりに違いない。

奥様への愛情を100本のバラの花束に込めて

ではどのようなプレゼントが「奥様の日」にふさわしいのか。記念日を制定した株式会社みつわでは100本のバラの花束を贈ろうと呼びかけている。100本のバラには100％をあらわすパーフェクト（完全）の意味があり、最上級の愛情表現となっているからだ。

そして、その100本のバラには1本1本に意味がある。ア行から順に、愛情・安心・相性・一途・運命・永遠・栄光・笑顔・恩恵・温厚と続く。100種類の言葉のどれもがその人のことを思って生まれたものなのが素敵だ。

10月2日
（松本市）

奈川・投汁そばの日

伝統的なそばの食べ方をしてみる日

長野県松本市奈川にある株式会社奈川温泉富喜の湯が制定した日。富喜の湯の名物料理であり、奈川の伝統的な食文化である投汁《とうじ》そばの保存と情報発信がその目的。投汁そばは、そばつゆを沸かす鍋に、そばを入れたとうじ籠を浸し、それを引きあげて薬味をかけて食べる野趣に富んだもの。日付は10（とう）と2（じ）で投汁（とうじ）の語呂合わせと、この頃が奈川の新そばの最盛期に当たるため。投汁そばとともに、奈川そばの振興を図る。

◆

「おもてなし」は流行語にもなった。食べ物においては、暑い時には冷たい物、寒い時には温かい物というのがおもてなしの基本だろう。

そう考えると、乗鞍・上高地に隣接し高い山々と五つの峠に囲まれた標高1000メートルの地、奈川において寒い時期の投汁そばは何よりのおもてなしに違いない。

いつもアツアツのそばが食べられる投汁そば

そばをつゆに浸ける「湯じ」が語源だという投汁そばは、その昔、味噌仕立ての汁にそばを入れて食べたのが始まりと言われている。

小分けしたそばを温めながら食べるので冷めない。最初の一口から最後まで同じ温度で、なおかつ煮伸びしてしまうこともなく食べ終えることができる素晴らしい食べ方だ。

奈川はかつて野麦峠を往来する物資輸送の拠点で飛騨から北陸、松本・木曽・伊那を結ぶ街道の要所だった。

鰤街道とも呼ばれ、年末に鰤を運んだ屈強の男たちの空腹を満たしたかもしれない、あるいは飛騨に帰る糸引きの女工の身体を温めたかもしれない投汁そば。

そんな想像を巡らすと、それは単なる食べ物ではなく歴史を構成した一要素だったような気さえしてくる。

信濃の国カレーの日

10月25日
（安曇野市）

好きなカレーをたくさん食べる日

長野県産の食材を使った「信濃の国カレー」を製造販売する長野県松本市のセントラルフーズ株式会社が制定。「信濃の国カレー」の美味しさ、食材の素晴らしさを知ってもらうのが目的。箱は切り絵作家の柳沢京子氏のデザインで県歌「信濃の国」の歌詞が全文掲載されている。日付は「信濃の国」が１９００年（明治33）10月25日に行われた長野県師範学校の創立記念大運動会で、女子生徒の遊戯に使われたのが最初とされることから。

◆

長野県民はカレーが好き。その理由として挙げられるのが、気候的に寒い時期が長いために幼いころからカレーのような温かいものをよく食べてきた。働いている女性や高齢者が多いので、作り置いて温めればすぐに食べられるカレーが便利だった。ニンジンやジャガイモなどカレーの具材になる野菜を作っている家が多いなどである。

「今夜は寒いからおでんにしましょう」とか「体が温まるからお鍋にしましょう」という話はよく聞くが、寒いからカレーというのはあまり聞いたことがなかったが、スーパーマーケットなどでは寒くなると確かにカレールウがよく売れるのだという。
また、冷めてももう一度温めればおいしく食べられる作り置き可能な料理という点には合理的な長野県民の県民性が見て取れる。

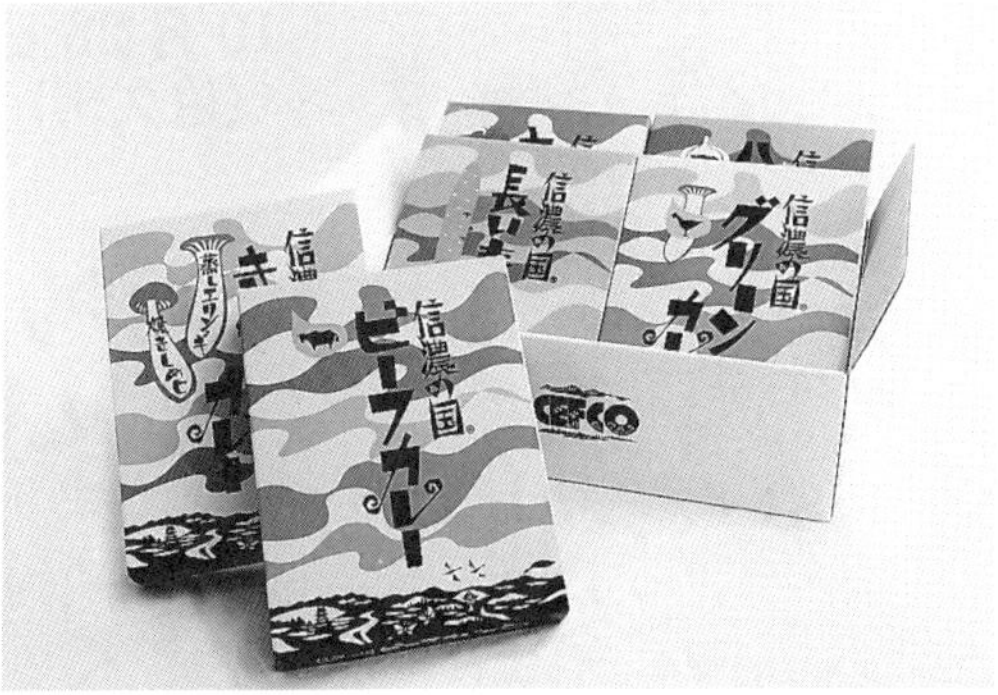

長野県産の野菜などを使った「信濃の国カレー」

　そして、自分の家の畑で収穫したり、家庭菜園で作ったり、親兄弟、親戚、友人、知人などから野菜をもらったときに「これでカレーを作ろう」と思う人が多いのも事実だろう。

　子どもから大人まで誰にも好まれ、味付けや具材でその家らしさも出せるカレー。県歌「信濃の国」が学校行事に初めて登場した10月25日には長野県の学校給食にカレーを出せばふるさとへの想いがより深まるのではないか。地元の食材を使えば地産地消にも大いに役立つに違いない。

10月26日
（佐久市）

どぶろくの日

豊作を祈り、おいしいどぶろくを飲む日

「御園竹」「牧水」などの銘柄で知られ、長野県佐久市（旧望月町茂田井）にある明治元年創業の老舗の蔵元武重本家酒造株式会社が制定。濁酒（どぶろく）の魅力を広めるのが目的。日付はどぶろくのシーズンが始まる10月下旬であり、10（ど）と26（ぶろく）で「どぶろく」と読む語呂合わせから。武重本家酒造株式会社では「十二六 甘酸泡楽（じゅうにろくかんさんほうらく）」略して「どぶろく」という濁酒を販売している。

◆

どぶろくとは炊いた米に米麹や酵母などを加えて発酵させた白く濁った酒のこと。これを沈殿ろ過したものが清酒となる。ほんのり甘く口当たりが良いため杯を重ねやすいが、アルコール度数は14度から17度で清酒と変わらない。

米作とほぼ同じころに誕生したとされるどぶろくは、古来より豊作を祈願する大切な供え物として神へ捧げられてきた。全国にはこうしたどぶろくを使った神事が数多くあるが、長野県内で有名なのは茅野市御座石神社の「どぶろく祭り」である。

どぶろくとその粕で和えたウド、鹿肉を供えて行われるこの神事に使われるのは何と自家醸造。氏子たちによって前年の秋から準備されるのだという。伝統文化を大切に受け継ごうという氏子たちの並々ならぬ熱意の結晶がどぶろくになるというわけだ。

県内にはまた「どぶろく特区」と銘打った特区が8ヵ所も存在する。農家などが特区内の醸造所で自家産米で仕込んだどぶろくを製造販売できるというもので、2006年（平成18）秋に木曽地域も認定され、農家民宿などがそれぞれ特徴あるどぶろく作りに励み、提供している。

ライスワインに分類されるというどぶろく。好みのワインを探すようにその地域ならではのどぶろくを訪ね歩くのもまた楽しい。

口当たりがまろやかな「十二六」

10月28日（信濃町）

信濃町・霧下そばの日

信州そばの魅力を満喫する日

長野県信濃町の有限会社信濃町ふるさと振興公社と信濃町そば商組合が、地元の霧下そばの美味しさをアピールするために制定。新そばの収穫時期であり、信濃町のそばは地粉を10割使用していることから10月で、一般的に手打ちそばは「二八そば」であることから28日のこの日を記念日とした。

◆

そばと言えば信州とイメージする人は多い。そばは県内に来た旅行者がぜひ食べたいと思っているもののナンバーワンであろう。

旅行者だけではなく地元民にとってもそばは大切なソウルフード。栽培から挽き方、粉の割合につなぎの種類、食べ方に至るまで一家言お持ちの方も多い。

それは、そばきり発祥の地として挙げられる大桑村の定勝時の存在が示すように、古くからそばに親しんできた長い歴史によるもの。そして、この歴史はいくつかの支流を生んでいる。兵庫県の出石町の「出石そば」は上田藩の藩主が出石藩に国替えになった際に伝えられたもので、福島県の会津地方には高遠で育った保科正之が初代会津藩主になった折に伝えた「高遠そば」が今に残る。

手打ちならではの味と香りの霧下そば

「出雲そば」「越前そば」も信州の流れをくんでいると言われている。

各地に広がった信州のそばは県内においても独特な食文化を作り上げている。松本市奈川の「投じそば」や開田高原の「すんきそば」、焼きみそを溶き入れたつゆで食べる「行者そば」などは他県ではちょっとお目にかかれない。

「信濃では月と仏とおらが蕎麦」この句の作者は定かではないが、信州人であるに違いない。

手前味噌ならぬ手前蕎麦。自分の所のそばがいちばんうまいと詠む郷土愛にあふれた一句である。

10月30日（小諸市）

初恋の日

あのときの甘酸っぱい想いを思い出す日

1896年（明治29）の10月30日、島崎藤村が『文学界』46号に「こひぐさ」の一編として「初恋」の詩を発表したことから、藤村ゆかりの宿の長野県小諸市の老舗旅館中棚荘が制定。記念イベントとして初恋をテーマとした作品（俳句、短歌、エッセイ、写真など）をはがきで応募してもらう「中棚荘・初恋はがき大賞」を行ってきた。

◆

「まだあげ初めし前髪の　林檎のもとに見えしとき　前にさしたる花櫛の　花ある君と思ひけり　やさしく白き手をのべて　林檎をわれにあたへしは　薄紅の秋の実に　人こひ初めしはじめなり」これが「初恋」の冒頭。

日本髪を結い始めて間もないあどけなさが残る君が差し出すりんごが赤でなく薄紅というのが、初恋の象徴としてピタリとはまり、この詩を読むと初恋の甘酸っぱさはりんごの香りそのものという気がする。

藤村は1899年（明治32）の春に小諸義塾の教師として小諸に赴任してきた。「もっと自分を新鮮に、そして簡素にすることはないか」というのがその動機だったという。結婚し子どもにも恵まれ家族とともに過ごした日々、これといった作品を発表することがなかったこの期間に、藤村は心の引き出しにたくさんのものを詰め込んだに違いない。この時期を経て表現は詩から小説へと変わり、代表作『破戒』へとつながっていく。

「初恋はがき大賞」の審査風景

教師を辞しての上京後、子どもらや妻の相次ぐ不幸に見舞われた藤村。

「私が山から下りてきてから今日までの月日は君や私の生活のさまを変えた。しかし七年間の小諸生活は私に取って一生忘れることの出来ないものだ」との藤村の言葉からは小諸時代の充実した暮らしぶりがうかがえる。

11月1日
（野沢温泉村）

野沢菜の日

野沢温泉ならではの風景を思い描く日

野沢菜発祥の地である長野県野沢温泉村の野沢温泉観光協会が制定。日付は野沢菜の蕪主を募る「のざわな蕪四季会社」の蕪主総会が毎年11月1日に開かれることと、野沢菜の収穫時期にあたることから。野沢菜は長野県の味の文化財にもなっている信州の食を代表する名産品のひとつ。野沢温泉観光協会は第2回記念日文化功労賞を受賞。

◆

野沢温泉では野沢菜のルーツは天王寺蕪（かぶら）であると言い伝えられている。その昔、野沢温泉村の健命寺の住職が京都に遊学した際、天王寺蕪を食べてそのあまりの美味しさに故郷にも広めたいと考えて種を持ち帰り、それが現在の野沢菜になったというわけだ。

この言い伝えをきっかけに野沢温泉と「天王寺蕪の会」との交流が始まり、のざわな蕪四季会社創立20周年を記念して、2009年（平成21）に大阪市四天王寺と野沢温泉を歩いて結ぶ「野沢菜伝来の街道《みち》・ウォーキング」が開催された。それは全行程500キロを20日余りで踏破するという壮大なもの。

「野沢菜と野沢菜を守り続けてきた先人たちの英知に感謝し、この大切な伝統文化を多くの人と分かち合う」ことを目的としたこのリレーウォーク。2013年（平成25）には第2弾としてルートを北陸道経由とし距離、期間ともに伸ばして開催されている。

大きな樽に漬け込む野沢菜

野沢菜がいかに野沢温泉にとって大切なものなのか、野沢温泉の人々の熱い思いが伝わってくるイベントである。

栽培から収穫、温泉を使ってのお菜洗い、そして樽への漬け込み。野沢菜は野沢温泉村になくてはならない食文化であり、生活文化であり、ふるさとの原風景なのだと思う。

11月8日（長野県・山梨県）

八ヶ岳の日

自然のありがたさを実感する日

八ヶ岳を愛する人々により結成された八ヶ岳の日制定準備委員会が制定。日付は11と8を「いいやつ」と読む語呂合わせから。山梨県と長野県に位置する八ヶ岳は、その雄大さ美しさから多くのファンを持つ山脈として知られている。

◆

登山ブームと言われて久しい。かつて登山と言えば屈強なる男性の地味でストイックな愉しみと思われていた。それが数年前に「山ガール」なる言葉が生まれ、意識は一変、登山は華やかな明るいスポーツに姿を変えた。

体力にそれほど自信がない人々にとって遠い存在だった山は一気に近づき、今や趣味としての登山人口は数百万人に上るとされている。そんな登山者のあこがれの山のひとつが八ヶ岳だ。もっとも八ヶ岳とは赤岳、横岳、阿弥陀岳などで構成されている連峰の総称で八ヶ岳という名前の山があるわけではない。

深田久弥の『日本百名山』のひとつにも数えられている八ヶ岳には本格的な登山者だけでなく、初心者でも楽しめる多彩なルートがある。

トレッキングガイドも充実しており、日帰りで高山植物を楽しみながらの山歩きもでき、カメラ片手に新鮮な空気で気分一新できるうえに帰ってからも可憐な植物の写真が心を癒してくれるなど、魅力的な要素が多い。

自然だけでなく文化施設も多いこの地をもっとアピールしようと山梨県、長野県、そして麓の3市町村で八ヶ岳観光圏を整備してより一層の誘客を図ろうと「八ヶ岳観光整備計画」がまとめられている。

ちなみに11月8日とは別に八ヶ岳観光協会では8月8日を「八ヶ岳感謝デー」として、八ヶ岳の環境整備などの活動を行っている。

どこまでも雄大な八ヶ岳

11月10日（下諏訪町）

いい音・オルゴールの日

天使の調べに耳を傾ける日

1796年にスイスで発明されたオルゴールは、太平洋戦争後に長野県の諏訪地方で作られるようになり、「いい音」を目指し続けた高い技術から半世紀にわたり世界のトップシェアを誇っている。そのオルゴールの文化、歴史を伝えるために建てられた長野県下諏訪町の諏訪湖オルゴール博物館・奏鳴館が制定。日付は11と10で「いい音」と読む語呂合わせから。オルゴール大賞などのイベントを行う。

◆

カチッ、カチッとねじを巻くと小さなバレリーナが優しい調べにのって踊り出すオルゴール。何度も何度もねじを回しては踊り続ける小さな人形を飽きもせず見ている少女。オルゴールの音色には、どこか別世界に人を誘い込む魅力があるからだ。

ところでオルゴールというと箱型のものを思い浮かべてしまうが、最近ではキーホルダーや絵本、カフスボタンに組み込まれたものまである。なるほど、日本が世界一のオルゴール大国と呼ばれるのはこうしたさまざまな商品があるからに違いない。

弁の数が音域を表すオルゴール。例えば5音で構成されている「ちょうちょう」なら5弁で奏でることができる。少ない弁で演奏される曲は、小さな天使が手のひらで踊っているようで心が洗われると評した人がいた。

「諏訪湖オルゴール博物館・奏鳴館」のアンティークオルゴール

それが50弁、100弁にと弁が増えるとスケールがぐっと増して、ひとつの立派な楽器となり、巧みに計算された演奏は感動的でさえある。

諏訪湖オルゴール博物館・奏鳴館では100年以上も前に作られたアンティークオルゴールの音色を聴くことも可能だ。

また、オルゴールを聴いて病気を改善する療法がある。オルゴールの音色が身体に影響するかどうかは分からないが、確かに心が癒されることだろう。

11月11日（長野県）

長野県きのこの日

きのこを食べて元気になる日

全国農業協同組合連合会長野県本部（ＪＡ全農長野）が制定。生産量日本一を誇る長野県産ぶなしめじ、なめこ、えのきたけなど、長野県産のきのこの味の良さなどをアピールするのが目的。日付は11と11で、数字の１がきのこがニョキニョキと生えている姿に似ていることから。

◆

俗に悪玉と言われるＬＤＬコレステロールや中性脂肪値を下げる効果があるとして、「えのき氷」が話題になったことは記憶に新しい。

えのきたけに豊富に含まれる成分ギャバはストレスを軽減し、腎臓や肝臓の働きを活発化し、血圧を安定させる効果があるという。疲労回復に役立つビタミンBの含有量もきのこ類の中でトップクラスだとか。

身体にいい成分を含むのはえのきたけに限らない。なめこはそのぬめりの元であるムチンに胃の粘膜を保護する働きがある。ぶなしめじはコレステロール値を下げ動脈硬化に有効。エリンギには高血圧を予防し、ガンの発生にかかわる活性酸素の働きを抑える働きがあるなど、それぞれのきのこが特色をもって身体に良い影響を与えてくれるという。

えのきたけやエリンギなどの新鮮なきのこ

スーパーマーケットの店頭にいろいろな品種のきのこが並ぶ長野県。他県ではちょっとお目にかかれないような品種も少なくない。たとえ少量でも同じものを毎日となるとハードルは高いが、数ある中から選べるとしたらメニューの幅が広がり食生活に取り入れやすくなるだろう。

きのこ県長野の利点を大いに生かしたいものである。ただ毎年秋になるときのこによる食中毒が話題になる。野生のものでは毒きのこに十分注意したい。

11月15日
（長野市）

蔵（ＫＵＲＡ）の日

信州のすてきなものを発見する日

信州を愛する大人の情報誌『ＫＵＲＡ』（くら）の創刊日（２００１年11月15日）を記念して、出版元の長野市の株式会社まちなみカントリープレスが制定。『ＫＵＲＡ』は、知恵や資産の詰まった蔵になぞらえ、信州の暮らしに関わる「情報の蔵」を目指している月刊誌。

◆

岩波書店の創立者の岩波茂雄氏をはじめとして、多くの出版人、編集者を排出し、地元に多くの出版社がある長野県は、昔から「出版王国」として名高い。

その長野県の出版業界において１９７３年（昭和48年）１月29日に創刊された『ながの情報』は、ひとつの地域のイベントや店の情報などを集めた日本で最初のタウン情報誌とされ、創刊された１月29日は「タウン情報誌の日」と呼ばれている。

そして、イベントなどの情報を中心とするのではなく、信州の美しい自然の風景や歴史的な建物、各地の名産品、そこに暮らす人々などを紹介し、読み物としての質の高さ、誌面の美しさを目指して誕生したのが『ＫＵＲＡ』である。

創刊号では「小布施の魔力」のタイトルの特集が組まれ、連載記事には「信州のクラフトマン」、「信州酒蔵紀行」、「信州蔵宿」など、信州へのこだわりの深い目次が並ぶ。以来、１５０号以上も長野県をテーマにして刊行されてきたのは、それだけ長野県には素晴らしいものが数多く存在するということの証明に他ならない。

オシャレな建物の編集部から「KURA」は生まれる

私はこの雑誌の中で10月10日の午前10時10分に長野県内でみんないっせいに自分の頭の上に広がる空を見上げようと提案したことがある。

日付や時間の由来は10を英語で「ＴＥＮ（テン）」と読むことから、信州の天（テン）空を見上げる日時にふさわしいとの思いからだった。

11月
第3土曜日
（長野県）

信州　教育の日

親子で地域で教育のことを考える日

長野県ＰＴＡ連合会、長野県退職校長会、公益社団法人信濃教育会など、教育に係わる22団体で構成された「信州　教育の日」実行委員会が制定。生涯学習社会の実現に向けて教育風土を築くことなどを目的としている。日付はその創設大会が行われた２００２年（平成14）11月16日が11月の第３土曜日だったことから。

◆

昔から長野県は「教育県」と呼ばれてきた。その理由として江戸時代の教育機関だった寺子屋の数が多かったこと、山国の厳しい環境の中で学問の大切さを多くの人が知っていたこと、そして情熱を持った高い指導力のある教師が大勢いたことなどを挙げる人が少なくない。

また、長野県の県民性を論じるときに「真面目な人が多い県」「議論好きな人が多い県」

第８回信州「教育の日」辰野大会

「ユーモアのセンスが足りない県」などと評されるのも、それに続いて「教育県だから」の言葉が隠されているのも事実だろう。

しかし、２０１２年（平成24）に長野県世論調査協会が長野県民に尋ねたアンケートでは「長野県は教育県である」と思っている人は21％にとどまっている。この数字は教育県と自ら名乗ることに面はゆさや後ろめたさを感じている人が多いからに違いない。

むしろ公民館や博物館、美術館の数が多いこと、地域活動や福祉などのボランティアなどに関心が高いことを思うと、長野県は社会教育県としての土壌があるのではないか。

その意味でも「信州 教育の日」は親子で、地域で、社会で、教育の原点を見つめる日になればと思う。

11月22日（長野県）

長野県りんごの日

りんごを食べて信州を感じる日

全国農業協同組合連合会長野県本部（ＪＡ全農長野）が制定。全国２位の生産量を誇る長野県産のりんごの美味しさをアピールするのが目的。日付は長野県産りんごの代表的な銘柄ふじの最盛期であること、11と22を「いいふじ」と読む語呂合わせなどから。

◆

ふじはデリシャスと国光の交配から生まれたりんご。１９６２年（昭和37）に品種登録され、国内で最も多く生産されるりんごとなって久しい。

ジューシィな甘さとシャキシャキした歯触り、断面に蜜を湛えたその果肉は見る人を幸せにする。そして、トップを走り続けるふじに追いつき、追い越せとばかりにりんご界には新しい品種が次々に誕生している。

近年、長野県内で名を馳せているのが「りんご三兄弟」と呼ばれる秋映（あきばえ）、シナノスイート、シナノゴールド。この順番で長男、二男、三男なのだとか。

色や形から連想するに三兄弟というよりは三姉妹のほうがお似合いだと思うが、三男のシナノゴールドはＥＵ圏内での販売が決まるなど今後の活躍が期待される。

また皮をむかずに丸かじりでき、ひとりで食べ切れるようにと開発されたシナノピッコロやシナノプッチは１個１７０グラム前後と他のりんごの半分程度の大きさ。これこそ三兄弟の妹たちと言えそう。

「１日１個のりんごは医者を遠ざける」という言葉がある。りんごの力は便秘解消や整腸作用だけではない。

高血圧や動脈硬化の予防、貧血改善、歯のエナメル質を守り、アトピー性皮膚炎などのアレルギー症状の原因となるヒスタミンを抑制する。まさに「神の果物」と呼ばれるほどの優れものなのである。

この信州のりんごの色つやの良さ

12月1日
（飯田・下伊那地域）

市田柿の日

柿すだれを見て「里の秋」を歌いたくなる日

長野県高森町の市田柿発祥の里活用推進協議会と、長野県飯田市の長野県下伊那地方事務所に事務局を置く市田柿ブランド推進協議会が共同で制定。高森町が発祥の地である市田柿は干し柿の王者とも呼ばれる飯田・下伊那地域が全国に誇る特産品。南信州地域の伝統風土に培われた健康食品としての存在をアピールするのが目的。日付は12月が市田柿の出荷月であることと、市田（いちだ）の1で1日とした。

◆

かつて柿すだれといえば南信州の秋の風物詩だった。かやぶき屋根の深い軒下にずらりと並ぶその光景は壮観で、いかにも里の秋という風情を醸し出していた。そんな柿すだれも現在では衛生面などの理由で自家用以外にはお目にかかれなくなったという。それでも晩秋のふるさとを演出するのにこれほど似合う光景はない。

柿は先に葉が落ちるので、オレンジ色に輝く実の存在感は別格だ。風の冷たさを感じる秋の夕暮れ時、そのオレンジ色が目に入るだけで何となく暖かな感じがして、知らず知らずのうちに家路を急ぐ足取りが軽くなったものである。

昔はどこの家にも柿の木があり、その多くが甘柿ではなく渋柿だった。それは食べるためというより柿渋を採ることを目的としていたからだ。

まさに「柿すだれ」とはこのこと

渋柿の絞り汁を発酵させた柿渋にはいろいろな用途がある。防水、防かび、防虫等々。壁の補修や紙や糸の強度を増すために使われたりしていた。番傘の防水に柿渋が塗られていたと聞けば、なるほどと納得できる。

あかぎれや火傷にも使ったというから、昔は万能薬的存在だったのかもしれない。

この有用な柿渋の主な成分はタンニン。これは甘柿にも渋抜きをした柿にも存在する。

信州あいさつの日

毎月11日（長野県）

「おはよう」から始める日

２０１４年（平成26）６月に開催された長野県青少年育成県民会議理事会で制定。あいさつは人や地域のつなぎ、心をつないでみんなを元気にしあわせにする不思議な力があるとの思いから始まった「信州あいさつ運動」を全県的に普及させるのが目的。日付は数字の11が人と人が向きあってあいさつをしている姿に見えることと、「いい（11）あいさつの日」の語呂合わせなどから。

◆

長野県民は恥ずかしがり屋で、町で知り合いに会っても自分から声をかける人は少ないという。せいぜい笑顔で会釈をする程度とか。

その真偽はともかく、あいさつはお互いを認め合うコミュニケーションの第一歩。「おはよう」「こんにちは」「お久しぶり」「お疲れ様」「お元気ですか」「こんばんは」など、時間や相手との関係によっていろいろな言葉を交わすことで、相手に自分の存在を知ってもらい安心感を持って接してもらうことができる。

あいさつをされることが嫌いな人はほとんどいないが、その反対にあいさつをされないと自分が無視をされたと嫌な気持ちになる人はとても多い。そして、あいさつは話を始めるきっかけを作ってくれるので、そのあとの会話をスムーズにする。

各地で広がる信州あいさつ運動

とくに最近は自分に自信が持てず、自分の存在なんて誰も気にしていないと思い込み、元気をなくしてしまう子どもが増えている。

こうした子どもに「おはよう」と声をかけることで、自分はひとりぼっちではないと感じてもらえるのもあいさつのひとつの効用といえるのではないだろうか。

この記念日がきっかけになり、あいさつが長野県民流のおもてなしになればと思う。

毎月17日（長野市）

いなりの日

いなり寿司を3個食べる日

日本の食文化の中で多くの人に親しまれているいなり寿司。いなり寿司を食べる機会を増やすきっかけを作ろうと、いなり寿司の材料を製造販売している長野県長野市に本社を置く株式会社みすずコーポレーションが制定。日付は17をいなりの「い〜な」と読む語呂合わせから毎月17日に。

◆

稲荷神社は現在では商売繁盛の神とされているが、本来は穀物・農業を司るとされ「稲生り」が語源だという。

その穀物を荒らすネズミの天敵であったキツネが稲が実るころに山から下りて里に姿を見せることから、豊穣をもたらす山の神の使いとされた。

キツネの大好物が昔話でいう「ねずみのてんぷら」かどうかは定かではないが、神社に殺生したものを供えるわけにはいかない。そこで試行錯誤の末、稲荷神社には油揚げを供えることになったとか。そうしたいきさつはともかく、油揚げで作るいなり寿司は俵型。稲荷神社にこれ以上似合いの物はない。

かつていなり寿司はハレの日の食べ物だった。祭りや家庭内での祝い事、運動会などには必ず登場した。

初午祭で売られる「初午いなり」

前日から油揚げをコトコトと煮て味を含ませ、翌日に寿司飯を詰める。中を割いてそのまま詰めたり、口当たりが柔らかいからと皮を裏返した面を表にしたり、五目ご飯を詰めたり、最初から三角形に切ってキツネの耳と称するものもあった。

ちなみにいなり寿司は3個食べると「い」命が延びる。「な」名を残す。「り」利益を得る。という縁起物でもある。

2月最初の午の日の「初午」には、願いを込めて3個食べてみてはどうだろうか。

1月5日・春分の日・7月31日・8月1日・8月14日・秋分の日・11月23日（長野県）

おやきを食す日

信州のソウルフードを食べる日

信州人のソウルフード、魂の食べ物といえばおやき。古くから仏事や祭事、行事には欠かせないものとして食べられてきた。しかし、最近ではあまりこうした風習が見かけられなくなったことから、県内のおやき製造販売店40店でつくる信州おやき協議会が食文化習慣の復活、再生を目的に、1年に7日の「おやきを食す日」を制定している。

◆

信州おやき協議会が定めた「おやきを食す日」は次の7日。

1月5日の「年玉おやき」は、正月に家族揃って1年丸くいきますようにとの願いを込めて、おやきが食べられていた習慣を復活させたもの。餅や白玉を入れたおやきを食べる。

春分の日の「春彼岸おやき」は先祖を供養して、自らも極楽浄土に行けるようにと祈るもの。春の恵みの青菜のおやきを食べて、春の訪れを祝う。

７月31日の「お籠りおやき」は、善光寺の盂蘭盆に多くの信徒が本堂に籠もって一晩明かす習わしから生まれたもの。この時におやきを振る舞う信徒がいたことに由来する。

８月１日の「石戸のおやき」は、精霊があの世とこの世の境目にある石の戸を固いおやきで打ち破って出てくるとの言い伝えから生まれたもの。

中のあんも多彩な信州おやき

８月14日の「お盆おやき」は、お盆におやきを仏壇に供える風習からで、信州の伝統野菜のひとつの小布施丸ナスのおやきを食べる。

秋分の日の「秋彼岸おやき」は先祖におやきを供える日。

11月23日の「新嘗おやき」は、秋の収穫に感謝をする新嘗祭りにちなんで制定されたもの。食物の大切さとありがたさをかみしめながら豆や芋のおやきを味わう。

季節や祭事ごとにこうした記念日があると親しみが増して、心も豊かになるに違いない。

酒風呂の日

春分／夏至／秋分／冬至（信濃町）

飲んでも風呂に入れても楽しくなる日

四季の節目である春分、夏至、秋分、冬至に酒風呂に入り、健康増進をはかろうと長野県信濃町で銘酒「松尾」の蔵元を営む株式会社高橋助作酒造店の高橋邦芳氏が制定。日付は湯で治すと書く「湯治」（とうじ）の語呂が、暦の二十四節気の「冬至」（とうじ）や、日本酒製造の責任者である「杜氏」（とうじ）を連想させることから。

◆

日本酒は飲むだけで血流を良くし、体温を上昇させ、ストレスも和らげるという。その日本酒をお風呂に入れるとどんな効果があるのか。

まず血行が良くなることで毛穴が開き、肌の角質や老廃物が汗とともに除去され新陳代謝が活性化する。身体が温まることによる冷え症の改善、肩こりや腰痛が和らぐ。お湯が弱酸性になり柔らかく滑らかになるため、肌の保湿力、弾力性が高まる。

また、日本酒に含まれるポリフェノールの一種である「フェルラ酸」は強い抗酸化作用がありシワやたるみ、シミなどを抑制、「麹酸」は細胞を活性化させ老化防止に役立つ。何と良いことばかり。女性の聞き耳がピンと立ちそうな話が目白押しだ。

酒風呂に使う日本酒はできれば米と米麹だけで作られる純米酒が最適。それを毎日お風呂に入れるとなると値段が気になるが、燗冷ましや香りが飛んだ古いお酒もそうそうあるわけではない。

しかし、そんな悩める人のために日本酒入り入浴剤が酒造メーカーなどから発売されている。これなら普段日本酒を飲まない人でも手に取りやすい。

いいことづくめの酒風呂だが、中には肌に合わない人や持病によっては勧められないケースもあるとか。かかりつけ医や身体と相談しながら、自分に合ったやり方で楽しみたい。

湯船の横に置かれた酒風呂のアイテム

長野県と記念日

日本記念日協会には2014年（平成26年）現在、約1000件の記念日が認定登録されている。その制定者を都道府県別で調べると大半は東京都と大阪府なのだが、長野県は3番目で愛知県、神奈川県、福岡県よりも多い。

協会の本拠地が長野県にあり、その情報が届きやすいというのがいちばんの理由だとは思うが、長野県には記念日を制定して多くの人にアピールしてみたくなるほどの魅力的なものが多いこともその要因のひとつ。

そば、りんご、きのこ、野沢菜、市田柿などの農作物、ローメン、ソースかつ丼、佐久鯉、寒天、うなぎなどの食品。それに温泉、別所線、八ヶ岳、路地、童画、オルゴールなど、観光資源となるものが数多く認定されている。

では、今後はどのようなものが記念日を制定するのだろうか。食べ物なら小布施町の「栗の日」、上田市の「美味だれ焼き鳥の日」、千曲市の「杏の日」、川上村の「高原野菜の日」、王滝村の「ほおば巻きの日」など人気になりそうなものがいくつもある。

観光地は数え切れないほど。記念日の制定効果に早く気づいて欲しいものだ。

写真協力（50音順・敬称略）

一般社団法人日本きのこマイスター協会
伊那ローメンズクラブ
イルフ童画館
宇宙航空研究開発機構（ＪＡＸＡ）
岡谷市
大日方邦子
株式会社菓匠Ｓｈｉｍｉｚｕ
株式会社高橋助作酒造店
株式会社まちなみカントリープレス
株式会社みつわ
上伊那郡箕輪町
公益社団法人信濃教育会
駒ヶ根商工会議所
栄村国際絵手紙タイムカプセル館
佐久市
佐久ホテル
ＪＡ全農長野
信濃町ふるさと振興公社
下諏訪の路地を歩く会
信州おやき協議会
諏訪湖オルゴール博物館・奏鳴館
善光寺
セントラルフーズ株式会社
高森町商工会
茅野商工会議所
テレビ信州
中棚荘
長野県県民文化部
長野県林務部
奈川温泉富喜の湯
野沢温泉観光協会
野沢温泉旅館ホテル事業協同組合
白馬商工会
ヴィラデストガーデンファームアンドワイナリー
富士見町観光協会
別所線の将来を考える会
ホクト株式会社
松商学園高校
マルコメ株式会社
八ヶ岳ネットワーク
有限会社肉のスズキヤ

信濃毎日新聞社編集局

覚えておきたい私の記念日

家族の誕生日や結婚、イベントなどの記念日、私の大切な思い出、覚えていたい長野県の記念日など書き込んでください。

T＝大正
S＝昭和
H＝平成

月・日	年	記念日名	由来・思い出など
・	T・S・H		
・	T・S・H		
・	T・S・H		
・	T・S・H		
・	T・S・H		
・	T・S・H		
・	T・S・H		
・	T・S・H		
・	T・S・H		

月・日	年	記念日名	由来・思い出など
・	T・S・H		
・	T・S・H		
・	T・S・H		
・	T・S・H		
・	T・S・H		
・	T・S・H		
・	T・S・H		
・	T・S・H		
・	T・S・H		
・	T・S・H		
・	T・S・H		

加瀬清志（かせ・きよし）
1953年、東京生まれ、長野県佐久市在住。放送作家、エッセイスト、一般社団法人日本記念日協会代表理事、信州観光文化検定協会代表、「誕生日の丘」プロジェクト代表。地域の活性化、商品開発、観光、教育などのテーマで講演する機会が多い。主な著書に『知っておきたい長野県の日本一』『丸型ポスト思い出物語』（信濃毎日新聞社）『日本三大ブック』（講談社）『ビジネス記念日データブック』（日本経済新聞社）『記念日歳時記・季節の小道具』『日本でいちばん元気な商店街』（ほおずき書籍）『信州あるある』（しなのき書房）『すぐに役立つ366日記念日事典』（創元社）他多数。プロデュース作品に『パパラギ』（ソフトバンク文庫）など。

編集　　山口恵子

Shinmai Sensho
信毎選書　14

知っておきたい長野県の記念日
「しあわせ信州」の現在・過去・未来

2015年2月18日　初版発行

著　者　加瀬　清志
発行所　信濃毎日新聞社
〒380-8546　長野市南県町657
電話 026-236-3377　ファクス 026-236-3096
https://info.shinmai.co.jp/book/
印刷製本　大日本法令印刷株式会社

ISBN978-4-7840-7255-2 C0395

定価はカバーに表示してあります。
乱丁・落丁本は送料弊社負担でお取り替えいたします。